Erika Grazia Landert

Der feinstoffliche Krieg

Erika Grazia Landert

Der feinstoffliche Krieg

Vom Umgang mit (Fremd-)Energien

Oratio Verlag

Oratio Verlag GmbH, oratio books
CH-8200 Schaffhausen

Umschlag: Ursula Gmünder-Müller
Druck: Freiburger Graphische Betriebe
ISBN 3-7214-0692-3

Inhaltsverzeichnis

Widmung

Ich widme mein erstes Buch

(Johann) Ulrich Landert (Bully),

meinem Vater, der leider selber Opfer von Negativität wurde, mir aber dadurch als Lehrmeister diente und mir vorlebte, dass das Wichtigste auf dieser Welt Liebe ist und der jetzt, nach seinem Tod, mich noch immer begleitet.

Weiter widme ich dieses Buch meinen *Mitspielern* und *Gegenspielern,* denn wären wir uns nicht begegnet, wäre dieses Buch nicht zustande gekommen, wären mir die Einzelheiten der Gesetzmässigkeiten verborgen geblieben. Unsere Wiederbegegnungen in diesem Leben haben mir den Sinn meines Kampfes, meines Lernweges gezeigt, wenn auch mit viel Schmerz und Leid beiderseits, als Vorbereitung auf eine bedingungslose Liebe.

Dank

André
Barbara
Maria-Louisa
Oskar
Peter
Tamara
Ursula
Yvonne

I am a clown.
I am a clown
a clown, a clown
but I know
but I know
I know, I know
what is real, what is real
Love is pure
Love is pure
is pure, is pure
I love you, you love me
here or there, in eternity
Love is love
and no masquerade can
ever portrait love.
I am a clown,
light and easy floating
through eternity
and love is
what I ever be.

(Erika Landert, 5. Juni 1992)

Kurze Lebensbeschreibung

In diesem Leben werde ich Erika Grazia Landert genannt und wurde 1958 in Alexandria, Ägypten, geboren. Mein Vater war Schweizer, auch schon in Ägypten geboren, und meine Mutter Ägypterin.

Mein Vater fühlte sich wohl unter Arabern und mit ihrer Philosophie. Er beherrschte ihre Sprache. Meine Mutter war geborene Jüdin, konvertierte zum Protestantismus, damit sie meinen Vater heiraten konnte und fühlte sich wohl in allem Weltlichen.

Ich wuchs auf zwischen Prestige und Philosophie. Die Philosophie meines Vaters prägte mich sehr stark. Der eine Satz, den er mir einmal sagte, lässt mich noch heute nicht los. Er sagte mir: «Erika, es ist mir egal, welche Religion der Mann, den Du einmal heiratest, hat, wichtig ist, dass er ein Mensch ist.»

Ich selber bin aus der Kirche ausgetreten, habe aber im Lauf meines Lebens meinen Weg, meine Führung gefunden und habe gelernt zu vertrauen, zu sehen, dass es Mächte gibt, die stärker sind als wir. Die Naturkräfte und die kosmischen Kräfte haben mich mein Handwerk gelehrt. Sicher war es so, dass ich schon als Kind hellsichtig war. Doch musste ich schon von klein auf lernen. Zuerst musste ich viel über die Menschen und ihre Psyche lernen: wie reagieren sie unter Druck – wie reagieren sie auf andere Menschen – was verdrängen sie – was verstecken sie – wie verstecken sie – wie verstecken sie sich selber? Schon als junges Mädchen war ich Klagemauer für Gross und Klein.

Später musste ich lernen, dass es auch Bösartigkeit gibt, dass es bösartige Seelen gibt. Und im Laufe all dieses Lernens begriff ich, dass es Manipulationen gibt, und zwar auf verschiedenen Ebenen. Von magischen Manipulationen zu gedanklichen, zu emotionalen, zu materiellen. Ich musste lernen, dass man sich nicht manipulieren lassen darf und wie man sich von solchen Manipulationen befreit.

Mein Handwerk habe ich gelernt durch praktisches und theoretisches Studium. Das heisst, einerseits in meinem eigenen privaten Leben wie auch anderseits in der Schule. Ich habe eine mehrjährige, körperorientierte psychotherapeutische Ausbildung hinter mir, habe aber auch eine kaufmännische Ausbildung und geistige Studien auf dem spirituellen Sektor – damit verbunden die Selbstentfaltung, die Arbeit am Selbst, die nie aufhört. All diese gelernten und erfahrenen Theorien und Begegnungen sind mein lebendiges Kapital.

Meine Selbständigkeit (ab 1992) gab mir die Möglichkeit, mit Menschen zu arbeiten, die sich in energetischen Abhängigkeiten befinden. Zu diesem Zeitpunkt war mir auch bewusst, dass es meine Aufgabe ist, die Problematik der Negativität aufzuzeichnen. Alle meine Erfahrungen und die Schlüsse, die ich aus meinen Erfahrungen ziehen durfte, gaben mir die Möglichkeit, für Menschen in diversen manipulativen Situationen wegweisend sein zu können. Ich entschloss mich, dieses Buch zu schreiben, da ich täglich sehe: Je mehr Wissen man über die Prinzipien unseres Lernprozesses hat, desto schneller kann man sich wehren und gesunden. Manchmal ist es praktisch, ein Buch zur Hand zu haben, damit man sich immer wieder orientieren und aufmuntern kann. Beim Lesen reflektieren wir unser Verhalten und können neue Aspekte finden. Bereits Gehörtes dringt wieder in unser Bewusstsein. Ich hoffe, den vielen, die das tragische Los gezogen haben, unter manipulativen Situationen zu stehen, mit diesem Buch und meinen Energie-Hygiene-Kursen Klarheit bringen zu dürfen. Ich hoffe aber auch, therapeutisch tätigen Menschen in der Arbeit mit ihren Kunden eine neue Perspektive öffnen zu können.

Vorwort

Mit der eigenen Sensitivität und Intuition zurecht zu kommen, ist nicht immer einfach. Im Moment einer Krise wird alles noch schwieriger. Starke, oft bildhafte Wahrnehmungen können sehr sensitive Menschen überwältigen. Weniger Sensitive werden in Stresssituationen oft zum ersten Mal in ihrem Leben mit sehr intensiven Gefühlen und Wahrnehmungen konfrontiert. Dies kann zu einer ausweglosen, verwirrenden und verzweifelten Situation führen.

Die schwierige Suche nach Hilfe von aussen endet oft im Gefühl, gänzlich missverstanden zu werden. Wer versteht schon unsere Gefühle und Wahrnehmungen? Die Erklärungsversuche unserer Wahrnehmungen geraten oft so, dass wir selbst unseren Sinnen nicht mehr trauen und uns lächerlich oder gar verrückt vorkommen. Wer versteht schon unser Gefühl, dass uns jemand schlecht gesinnt ist und uns schaden möchte, dass sich Hände um unseren Hals legen, die zudrücken, dass wir spüren, wie uns jemand zwickt oder schlägt, dass sich der Raum, in dem wir uns aufhalten, zu verdunklen beginnt und dass er auf einmal kalt oder heiss wird? Zum Teil äussern sich diese Sinneseindrücke auch in Stimmen und/oder Bildern. Es kann sein, als ob jemand zu uns spreche oder dass wir effektiv den Eindruck einer Erscheinung (eines Geistes) haben. Sehr oft treibt uns unsere Angst weg von der klassischen Psychologie und Psychotherapie. – Wer ist denn schon normal, der Stimmen hört?

So landen wir meistens bei denen, die mit diesen Phänomenen leben: bei Sensitiven, Medien, Wahrsagern, Magiern. Auf der Suche nach Hilfe erkennen wir mit der Zeit, dass es auch in diesem Sektor verschiedene Anbieter wie auch Charaktere gibt.

So lange wir innerlich stark sind und die Übersicht behalten, können wir lernen, mit diesen Fremdeinflüssen umzugehen. Doch sehr oft spielt uns unsere Sensitivität auch auf diesem Weg einen grossen Streich. Durch den Stress ist unsere Wahrnehmung auf Hochtouren geschaltet, deshalb nehmen wir jegliche Energien viel intensiver auf. Da unsere Ratgeber Menschen verschiedener Herkunft, Schulbildung und Reife sind, spüren wir ihre Energien nicht immer nur positiv. Diese Wahrnehmung ist korrekt. In der Zeit einer Überempfindlichkeit können unsere Wahrnehmungen wie eine Bedrohung wirken. Denn in diesem Zustand sind wir nicht mehr fähig, Warnung (Intuition), eigene Angst, wie auch Beeinflussung voneinander zu unterscheiden.

Mit diesem Buch möchte ich Ihnen meinen Weg näherbringen. Einen Weg, den Sie unabhängig von Drittpersonen gehen können. Dieses Buch beinhaltet keine magische Hilfe. Es ist eine Anleitung, wie Sie sich stärken und wie Sie mit Fremdeinflüssen jeglicher Art umgehen lernen können. Das heisst aber, Sie müssen an sich selber arbeiten. Dies mag anfänglich so aussehen, als ob es ein langer, mühsamer Weg wäre. Nur durch das eigene Aufarbeiten stärken wir uns und kommen so bedeutend schneller und geradliniger ans Ziel.

Ich werde versuchen, Ihnen auf den folgenden Seiten Kniffs und Tricks, wie Sie sich über Wasser halten können, beizubringen. Vor allem möchte ich Ihnen den Weg aufzeichnen, wie Sie sich im Zusammenhang mit den kosmischen Gesetzen von innen her stärken und daran wachsen können. Dieses Buch ist für Menschen (sensitive, sehr sensitive wie auch unsensitive) gedacht, die ihr reines Selbst leben möchten und ihre Stärke in Harmonie mit dem Kosmos finden möchten, damit negative Einflüsse, innere wie auch äussere, sie nicht mehr von ihrer Arbeit, von ihrem Weg abbringen können. Deshalb ist es wichtig, das Prinzip der Negativität zu verstehen. Sie ist auch ein Bestandteil unserer und der kosmischen Energien und auch sie sollte in jedem von uns in Einklang gebracht werden.

Das wichtigste, das Sie auf diesen Weg mitbringen müssen, ist die Disziplin, vorwärts zu gehen, der Wille, Eigenverantwortung zu tragen und alle Selbstliebe, die Sie zusammenkratzen können.

Energien leben

Jeder von uns ist täglich mit Energien konfrontiert. Wir fühlen uns abgespannt oder aktiv, frieren, schwitzen, fühlen uns an einem Ort, um eine Person wohl oder unwohl.

Sonne, Luft, Wasser, Materie sind Energie. Es sind Energien mit verschiedenen Auswirkungen und Werten. Um zu überleben, brauchen wir Menschen Energie, z.B. aus dem, was wir essen, wie Kalorien und Vitamine. Der Wagen braucht Energie zum Fahren; nämlich Benzin, Diesel, Strom. Die Natur braucht Naturenergie zum Wachsen; nämlich Sonne, Wasser, Erde. Jede Energieform ist ein Teil des ganzen Naturprozesses.

Energie ist etwas, was wir brauchen, aber auch produzieren können. Eine Pflanze wandelt Stickstoff in Sauerstoff um. Dieser Vorgang der Photosynthese zeigt uns beispielhaft, dass Energie wandelbar ist.

Heute weiss man, dass sich Energie aus lauter kleinen Energiepartikeln zusammensetzt, die in der Wissenschaft Photonen genannt werden. Diese Photonen überleben uns alle und sind Teil unseres Planetenenergiesystems. Auch wir Menschen sind eine Zusammensetzung von Photonen, ebenso jedes Tier, jede Pflanze, jeder erdenkliche Gegenstand; also alle Materie. Heute ist die Wissenschaft so weit, dass sie die Energie der Materie über Wärmeabstrahlung feststellen kann.

Jeder Mensch, jedes Tier produziert Energien. Einerseits durch Bewegung, anderseits auch durch den Denkvorgang. Die Bilder unserer Vorstellungen sind heute im Gehirn durch Messungen nachweisbar. Unsere Gedanken wie auch unsere Vorstellungen produzieren Energie. Diverse Photonen kommen zusammen und so entsteht ein Bild, eine neue Energie, eine

Farbe, ein Duft. Mit unseren Gedanken wird die Energie in unserem Energiefeld, in unserer Aura, verändert. Diese Energie nehmen wir beim anderen bewusst oder auch unbewusst auf und sie gibt uns ein wohliges oder unangenehmes Gefühl.

In jedem Raum, den wir betreten, hinterlassen wir einen Hauch unserer Energie. Das heisst, ein paar dieser Photonen, die sich zu uns gesellt haben, bleiben zurück, z. B. auf dem Stuhl, den wir vorher benützt haben oder im Raum. Die Photonen bilden ein Erinnerungsmuster, das für viele unwillkürlich wahrnehmbar ist. So entstehen belebte Räume, gefüllt von Erinnerungen. Durch den regen Verkehr in diesen Räumen verteilen sich diese Photonen, dringen in die Wände und Gegenstände ein oder haften ihnen an. Teilweise hängen sich diese Energiepartikel an Personen und verbinden sich somit wieder mit neuen «Energiekollegen».

Unter diesen Photonen gibt es strahlende, leichte, helle Energien, aber auch dunkle, schwere Partikel. Sie haben die Eigenschaft, sich mit gleichgelagerten Energien zu verbinden. Dunkle Photonen werden von dunklen Photonenbildungen angezogen, helle von hellen. So entstehen Stimmungen in Räumen, aber auch um und in Menschen.

Sensitive, das heisst energieempfindliche oder empfindsame Menschen kennen das «Shoppingcenter-Phänomen». Sie kaufen in einem solchen Center ein, gehen fröhlich und munter hinein und sind dennoch nach kurzer Zeit völlig erschöpft.

Energieempfindsamkeit ist ein Talent, eine Gabe, mit Energien kommunizieren zu können. Energieempfindsame Menschen sind wie Magnete für diese schwebenden Energiepartikel. Wenn sie sich in einem mit Energie aufgeladenen Raum aufhalten, ziehen sie diese magnetisch an. Innerhalb von kurzer Zeit empfinden sie Ermüdungserscheinungen oder verfallen in Angstzustände oder Aggressionen.

Energien leben und kommunizieren miteinander, verbinden sich und je nach Energieform bewirken sie, dass wir uns besser oder schlechter fühlen. Kommen wir mit dieser angesammelten Energie nach Hause und beginnen uns zu entspannen, verteilt sich diese Energie langsam in den Räumen. Sei dies auf Pflanzen, Haustieren oder Wänden; dort lebt die Energie weiter, bis ein neuer Träger sie zum nächsten Spaziergang mitnimmt oder bis sie durch eine andere Energie zurechtgewiesen oder vertrieben wird. Dies kann z.B. in Form von Gedanken geschehen oder auch ganz handfest mit Putzmitteln, die auch Energie sind. Staubpartikel sind Energiepartikel, ebenso Düfte und Aromen.

Energien sind gesellig und deshalb auch veränderbar, wie z.B. durch Elektrosmog, Wasseradern, Wetterveränderungen, unsere Emotionen und nicht zuletzt durch unsere ungezügelte Gedankenwelt. Diese Energien kumulieren langsam zu einer Energieballung, wobei sie keine räumlich-zeitliche Grenze kennen. Photonen haben die Urzeiten gesehen, waren dabei, als die Erde entstand und sind ein Teil des Kollektivbewusstseins unseres Planeten.

Diese Photonen bilden eine Energieerinnerung an uns selbst oder an andere Menschen. Diese Energiebilder können einerseits in uns selber sein, z.B. im Gedächnis oder körperlich als Blockade, als Schmerz auftauchen, wir finden sie aber auch überall dort, wo Materie ist. So können sie für Spukphänome in Häusern sorgen, und zwar auch dann, wenn das Energiebild von einem noch lebenden Menschen stammt. Energiebilder von Gewalt und Zerstörung suchen immer wieder neue «Kollegen», damit sie sich vermehren können, um weiterzuleben als neue, stärkere Energieballungen. So ist es verständlich, dass gewisse Wohnungen oder Häuser zu bedrückenden Orten werden. – Orte, die das Unglück förmlich anziehen, an welchen es immer wieder zu Scheidungen oder Unglücksfällen kommt. Unser ganzes Leben ist durch diese Energien beeinflusst; ja die ganze Natur.

Wir müssen die Funktion dieser Energien kennenlernen, um nicht als ihre hilflosen Spielbälle zu fungieren. Wir sind alle energiedurchlässig, also gleichermassen Träger von Energie, aber auch Durchgangskanal für Energien. Da wir natürlicherweise einen Anteil dieser Energien auch in uns haben und wissen, dass sich diese durchziehenden Energien mit uns verbinden, müssen wir lernen, uns von diesen unerwünscht hängen gebliebenen Energien zu befreien.

Daher ist es unerlässlich, bei der eigenen Energieverteilung zu beginnen und dort ein Gleichgewicht herzustellen, damit wir mit all den äusseren Energien zurechtkommen, sie akzeptieren oder zurückstossen, sie als Heilung annehmen oder schädliche Energien zurückweisen können.

Da wir selbst auch Energieproduzenten sind, von schlechter wie auch guter Energie, sind wir aufgefordert zu lernen, unsere Gedanken zu kontrollieren, unsere Gefühle zu läutern und uns zu einer angenehmen, lebendigen, vibrierenden, strahlenden Energiekugel zu entwickeln. Wenn wir uns vergegenwärtigen, dass der Kosmos unendlich und mit unendlich viel Energie gefüllt ist, dass unendlich viele Energiezusammenballungen existieren, dann ist unser Planet eine dieser Ballungen und wir selbst ebenso.

Ist der Kosmos unendlich, so ist jede Energieballung immer in seinem Zentrum. Das heisst, auch wir sind im Zentrum; wir sind also der Mittelpunkt unseres Lebens, unseres Energiesystems. Konkret heisst das, dass die gewünschte Energieveränderung nur von uns selbst ausgehen kann. Wir können unser Umfeld verändern, indem wir uns verändern. Dies ist auf verschiedenen Ebenen möglich, so z. B. durch unsere Gedanken, durch unsere Beziehungen oder durch unsere Nahrung.

Wir müssen wieder lernen, die Energien und deren Botschaften zu verstehen, so zum Beispiel mit den einfach nachvollziehbaren Gefühlen anfangen; Durst oder Hunger, Wut oder Trauer zu erkennen. So stärken wir uns und lassen den Energien wieder die Möglichkeit, ihre Aufgabe zu erledigen und vermeiden so einen Energiestau. Energien sind Erinnerungs- aber auch Botschaftsträger. Sie sind wie eine grosse Telekommunikationszentrale. Indem wir für unsere Energieharmonie sorgen, vermeiden wir, dass die Telekommunikationszentrale einen Zusammenbruch erleidet. Bei weniger energiesensitiven Menschen wirken sich solche Energiestaus meistens auf die Gesundheit aus. Energiesensitive spüren ihren Körper genauso darunter leiden, oft sogar viel früher als der weniger Sensitive, und er wird oft sogar als Simulant bezeichnet, weil mit noch so sensiblen Diagnostikgeräten «nichts» zu finden ist. Je nach Sensitivität kann der Einfühlsame auch die Botschaften dieser Energien wahrnehmen. Dies kann an Plätzen, wo grosses Leid geschehen ist, äusserst unangenehm sein und für den Beobachter so aussehen, als ob der Empfindsame einem Wahn unterliege. Er spürt eben diese Energie-Erinnerungen oder Ballungen, die nicht sichtbar sind.

Wir können lernen damit umzugehen, uns abzugrenzen. Alles ist Energie, unsere Welt, unsere Luft, die Welten nach uns, die Energiewesen, wie Engel, Dämonen, Feen, Elfen, unsere Vorstellungskraft, unsere Medienwelt. Energie ist biegsam, verformbar, veränderbar, lustig, traurig. Wenn wir lernen, als Katalysator für diese Energien zu wirken, können wir unser Leben wie auch unsere einzelnen Schritte innerhalb unserer Lektionen steuern und uns so viele leidvolle Erlebnisse ersparen.

Die Welt der Energien ist die feinstoffliche Welt, welche sehr grobstofflich, wie ein Elektrizitätsschlag, wirken kann. Unausgeglichenheiten in unserem Energiesystem können uns zur Verzweiflung bringen und uns durchschütteln. Bedenken wir, dass wir hier auf diesem Planeten sind, um zu lernen, um uns zu stärken, um schliesslich selber eine starke Energieform zu erreichen, dann sehen wir, dass wir nicht Opfer sind, sondern Schüler mit einer grossen Aufgabe. Dieses Buch soll eine Erklärung und Erleichterung sein auf dieser Reise durch die feinstoffliche Welt.

Im Kapitel «Die Lebensgesetze – die geistigen Gesetze» werden Sie lesen können, dass sich alle Strukturen wiederholen. Deshalb habe ich mich entschieden, dieses Buch anhand der Schöpfungsgeschichte aufzubauen. Irgendwo musste ich anfangen, also weshalb nicht bei Adam und Eva.

Für mich ist die Geschichte von Adam und Eva wie ein Leitbild unserer Erfahrung. Wir werden in diese Welt geboren, also aus unserem Paradies gerissen, um auf dieser Welt der Erkenntnisse zu lernen. Wir sind hier allerlei Gefahren ausgesetzt, unseren eigenen Verführungen und Verblendungen, aber auch den äusseren. Nur durch Erkennen, Verstehen und Verhaltensänderung kommen wir zur Ruhe, also zurück ins Paradies. Dieses Symbol der Schöpfungsgeschichte können wir für unseren ganz persönlichen Werdegang anwenden, aber auch für uns in Beziehung zu anderen. Es wiederholt sich immer wieder und wir lernen immer mehr.

Die Vertreibung aus dem Paradies

Adam war im Paradies. Es war wunderschön. Essen war da in Fülle, es mangelte ihm an nichts. War es so? Anfänglich wohl. Da gab es dies und jenes zu sehen, zu entdecken. Doch irgendwann in der Zeit der Ewigkeit wurde dies langweilig und es war ihm leid, nur immer mit Gott sprechen zu können. Er wollte einen Gesprächspartner. So opferte er Gott eine Rippe und aus dieser entstand Eva, die Frau aus seiner Seite für seine Seite. Es war wunderbar zusammen in diesem Paradies. Keine Verantwortung, keine schreienden und hungrigen Kinder, keine Forderung seitens des Partners. Friede und Ruhe herrschten. Doch auch dies wurde eines Tages zu öde. Der Reiz nach mehr erwachte. Da war nun der Baum der Erkenntnisse, auf dem die Schlange hauste. Der einzige Baum, von dem ihnen Gott verboten hatte, die Früchte zu essen. Das einzige Verbot Gottes. Eva fühlte sich mit jedem Tag mehr und mehr von diesem Baum angezogen. Die Schlange, die auf diesen Baum verbannt war, war in der Zwischenzeit ihrer Einsamkeit auch leid. Sie lockte Eva mit ihren süssen, schleimigen Worten. Mit aller Verführungskunst gelang es der Schlange, Eva so gierig zu machen, dass sie endlich alle ihre Vorsätze aufgab und doch nach einer Frucht griff. Erst als sie diese so schöne verlockende Frucht in der Hand hielt, realisierte sie ihr Vergehen. Doch derart angestachelt von der Schlange, konnte sie der Verführung nicht widerstehen, wagte es jedoch nicht, den letzten Schritt alleine zu tun. Sie ging zu Adam, ihrem Partner und Spielkollegen, und zeigte ihm die Frucht. Eva war durch die Berührung der Frucht das Werkzeug der Schlange geworden. Und aus ihrem Mund strömten die verlockenden, süssen Worte der Schlange. Bis Adam nicht mehr widerstehen konnte und in die Frucht biss.

(Die Frucht wurde in lateinischen Ausgaben der Bibel «malum»

genannt, was zwei Bedeutungen hat «der Apfel» aber auch «das Schlechte». Ich nenne sie «die Frucht der Erkenntnis».)
(Gewisse Frauen behaupten, dass das Fruchtstück dem Adam im Hals stecken blieb und er eine Weile keine Luft mehr hatte. Das Stück kam erst beim Aufprall aus seinem Hals, und deshalb sind Männer in ihrer Selbstentfaltung zurückgeblieben, wegen Adams Sauerstoffmangel).

(Anderseits ist der heutige Drang der Frauen nach Erkenntnis verständlich, da Eva ihre Gier [Neugierde] selbst im Paradies nicht im Griff hatte.)

Mit diesem Biss öffnete sich der Boden unter ihnen und beide landeten samt der Schlange im Land der Erkenntnisse. Im Land der Erkenntnisse, wo wir uns alle jetzt befinden. Sie landeten im Paradies der Schlange. Die Schlange war, solange sie in Adam und Evas Paradies auf den Baum verbannt war, im Land ihrer Erkenntnisse, im Gefängnis der Liebe und Harmonie. Das Blatt hatte sich gewendet.

Geburt und Eltern

Die Eltern sind unsere erste karmische Lektion. Die Karmalehre geht davon aus, dass wir uns in den diversen Zyklen unserer Leben immer wieder begegnen. Unsere Eltern waren nicht immer unsere Eltern, manchmal waren sie unsere Kinder, Lehrer, Liebhaber oder auch unsere Feinde. So ergeben sich jeweils ziemlich schwierige Konstellationen, denn sehr oft erinnern wir uns an die Energie aus dem Karma und handeln noch im Muster der Vergangenheit. So mag es sehr schwierig sein für ein Kind, das in einem vorherigen Leben der patriarchalische Vater seines jetzigen Vaters war, Zurechtweisungen zu akzeptieren. Wir werden jedoch immer in die neue Aufgabe hineingeboren. Das heisst, wenn die Seele bereit ist zu inkarnieren, nach langer Schulungszeit und vielen Pflichten in der geistigen Welt, wird die Bilanz der karmischen Lektionen angesehen und gemäss der zu lernenden Lektionen ein Elternpaar, entsprechend dem karmischen Zyklus, ausgesucht. Im Fall unseres ehemaligen patriarchalischen Vaters, der eventuell übertrieben hatte, ist es sehr gut möglich, dass diese Seele bei seinem einstigen Sohn wiedergeboren wird. Nämlich um zu lernen aber auch um dem einstigen Sohn die Möglichkeit zu geben, das patriarchalische Muster zu brechen. Es ist nicht vorgeschrieben, wie sich der heutige Vater verhalten wird. Er kann das Muster des Karmas wählen und zum Beispiel aus Rache dasselbe seinem jetzigen Sohn antun, oder in Güte und Weisheit erziehen. Entweder kann der ehemalige Vater die Erziehung seines jetzigen Vaters akzeptieren oder nicht.

Solche Situationen können zu schwierigen Erziehungsproblemen führen, die oft erst durch karmische Erkenntnis lösbar werden.

Mit dem Inkarnationsprozess verliert die Seele ihre Freiheit und ist im Mutterleib verankert. Das heisst aber noch lange nicht, dass die Seele keine Verbindung mehr zum Geistigen hat. In dieser Zeit wird sie ganz besonders vom geistigen Reich betreut, da dieser Wachstumsprozess nicht einfach ist. Mit der Geburt vergisst der wiedergeborene Mensch normalerweise seine Vorleben. Da er erst im Alter von ca. 2 Jahren beginnt, sich in unserer Sprache auszudrücken, in dieser Zeitspanne aber vor allem mit dem Geistigen und dessen Energien konfrontiert ist, erkennen die Erwachsenen höchstens im unruhigen Schlaf und den Träumen den Zugang des Kindes zu diesem verschleierten Wissen. Später, wenn das Kind seine Geschichten und Wahrnehmungen erzählen kann, wird seine Hellsichtigkeit klar. So entsprechen nicht alle Räuber- und Rittergeschichten nur der Phantasie des Kindes, sondern sie sind sehr oft karmische Erinnerungen. So können Kinder auch extrem auf Erwachsene reagieren – mit Angst oder mit Zuneigung. Grundlos ist das nie.

Ein Kind steht bis ca. zu seinem 18. Lebensjahr unter dem Energieschutz oder auch der Energieabhängigkeit seiner Eltern.

Dieser Schutz kann ins Wanken kommen, wenn zum Beispiel keine Elternliebe vorhanden ist, oder wenn das Kind unter extremem Missbrauch zu leiden hat. In diesem Fall kann diese Schutzfunktion zu einer massiven Abhängigkeit führen.

Im Normalfall gedeiht ein junger Mensch im Schutz seiner Eltern. Mit ihrer Schutzhülle schaffen die Eltern so etwas wie eine Landkarte der Möglichkeiten für ihr Kind. Leben die Eltern in einer Gedankenwelt der Depression und Aussichtslosigkeit, so umhüllen sie ihre Kinder mit dieser Energieschicht. Je nach Kind und karmischem Hintergrund, rebelliert es im glücklicheren Fall oder, im traurigeren Fall, schleppt es sich wie seine Eltern durchs Leben. Obwohl sich das Kind mit der Zeit von den Eltern abnabelt, kann diese Schutzschicht weiter bestehen und das Leben des Kindes so lange weiter beeinflussen, bis einerseits die psychologischen Zusammenhänge erkannt und gelöst werden und andererseits die karmischen Muster entwirrt werden. Dann erst ist dieses Kind auch ein Energieerwachsener.

Es ist wichtig zu wissen, dass Kinder immer im Schutz der geistigen Welt stehen. Denn sie sind die Zukunft dieses Planeten, und die geistige Welt setzt alles daran, dass die Kinder ihre Aufgabe bewältigen können. Leider ist dies nicht immer möglich, da Kinderseelen zu schwach sind für die Gewalt, die sie teilweise ertragen müssen. Da sollten wir als Gesellschaft die Verantwortung übernehmen und diese Kinder schützen, für diese Kinder kämpfen, damit sie sich nicht von ihrer Seele abkoppeln. Es ist unsere Aufgabe, denjenigen, die sich abgekoppelt haben, die Möglichkeit zu geben eine Existenz zu haben und wenn sie es wünschen, unterstützend zu wirken, damit sie zu sich selber zurückfinden.

Der geistige Schutz

Jeder Mensch verfügt über natürlichen geistigen Schutz. Es kann vorkommen, dass dieser Schutz durch Schock, Übermüdung, Krankheit oder magische Einflüsse zusammenbricht.

Wenn der geistige (oder auch energetische) Schutz zusammenbricht, ist es möglich, dass sich der Betroffene wie eine energetische Durchgangsstation vorkommt. Jede Witterung, jede Regung von aussen wie von innen wirken wie vorbeirasende Züge. Die Tränen fliessen nur noch oder haben schon aufgehört zu fliessen. Für gewisse Menschen kann dieser Zusammenbruch zu Visionen führen. Dass heisst, dass sie diese Phänomene anstatt oder zusätzlich zu den körperlichen Symptomen bildhaft, meistens alptraumähnlich, wahrnehmen.

Durch den Zusammenbruch des natürlichen Schutzes beginnen sich auch unangenehme Situationen und Gegebenheiten zu häufen. Denn weil die Aura umhüllt ist von dieser belastenden Energie, häufen sich (nach dem Gesetz der Anziehung) schwierige Momente wie magisch. Durch diese Belastung verringert sich die Abgrenzungsfähigkeit und mag dann so gering sein, dass man überall nur noch Schlechtes sieht. Das Misstrauen wächst so stark, dass man sich am liebsten ganz zurückzieht, was bis zur Arbeitsunfähigkeit führen kann.

Der natürliche Schutz wird durch unsere Aura gewährleistet. Die Aura ist unser Astralleib oder unser energetischer Körper. Es gibt Menschen, die diese Aura sehen. Sie wird beschrieben als ein eiförmiger, farbiger Schutz um den materiellen Körper des Menschen. Diese Aura ist wie ein Spiegel des Menschen. Sie reflektiert die Gesundheit, die Gesinnung, die Vergangenheit des

Besitzers. Diese Aura ist das, was die Ausstrahlung des Menschen ausmacht. Mit dieser Aura zieht ein Mensch seinen Mitmenschen an oder stösst ihn ab. Über diese Aura nimmt der Mensch auch nahende oder drohende Gefahr auf.

Die Aura ist wie ein Filter, der Energien filtert und vom Körper abhält.

Wäre diese Energieabgrenzung nicht, würde zum Beispiel eine Krankenschwester den Schmerz jedes Patienten voll und ganz am eigenen Körper fühlen, die Krankheit des Patienten hätte keine natürliche Schranke mehr und würde sich sofort bei der Krankenschwester etablieren.

Ein gesunder, geistig und psychisch ausgewogener Mensch hat eine stabile Aura, die ihn vor solchen Energien schützt. Eine helle, frische Aura zieht dementsprechend auch solche Energien an.

Um den natürlichen Schutz aufrechtzuerhalten, ist die Pflege des Geistes, der Psyche und des Körpers sehr wichtig. Natürlicher Schutz ist Liebe. Ein Mensch, der sich selber genug Liebe entgegenbringen kann und sich pflegt, hat einen stabileren Schutz als ein Mensch, der sich selber verachtet und vernachlässigt.

Unsere Seele enthält das Wissen der Schöpfung und ist der geistige Teil in uns. Sie enthält die geistige Liebe, die mit dem Wissen um unsere Schöpfung und unseren Schöpfer begabt ist. Diese geistige Liebe wieder uns selber entgegen zu bringen, ist der erste Schritt zum verstärkten geistigen Schutz. Wie die Liebe einer Mutter ihr neugeborenes Kind schützt, so schützt unsere Seelenliebe uns und die uns am nächsten sind.

Unsere Seele enthält das Wissen unserer Lebensaufgabe und

den geistigen Trieb, diese auch zu verwirklichen. Die Seele setzt aus eigenem Antrieb alles ein, um sich selber zu verwirklichen. Sie will sich entfalten. Ist die Seele durch Negativität (Ichsucht, Schock, Verlust der inneren Stimme etc.) nicht mehr fähig, sich zu entfalten, dann beginnt sie, den Körper abzustreifen. Dies kann sich auf verschiedene Arten zeigen: in körperlicher Nachlässigkeit, in Suchtverhalten, Krankheiten, um nur einige Möglichkeiten zu nennen. Für die Seele, die ewig ist, ist diese Zeit hier auf Erden eine winzig kleine Episode.

Unfähig, sich mit diesem Körper und in diesem Umfeld zu entfalten, sieht sie sich zu einer Entscheidung gezwungen. Sie wählt den Weg des Neubeginns. Für den Geist des Menschen ist dies im eigentlichen Sinn ein Versagen, denn der Geist muss lernen, Seele und Körper im Einklang zu halten und beiden die Möglichkeit ihrer Entfaltung zu geben. Da die Seele eine agile, zeitlose, ziel- und prinzipiengerichtete, und der Körper eine schwere, ungeduldige, zweck- und expansionsgerichtete Energie ist, ist dies für den Geist des Menschen eine nicht einfache Aufgabe. In dem Moment, in welchem der Mensch von der Negativität bedrängt ist, wird diese Aufgabe um so schwieriger, weil jeder Teil für sich überleben will und vor allem für sich selber denkt, sich also abspaltet. So spalten sich die eigenen negativen Partikel ab und frönen der Negativität. Zum Beispiel wird die wohlverdiente Ruhe zur ausgeprägten Faulheit, die keinerlei Aktivität zulässt oder die Entspannungs-Zigaretten-Pause wird zur Dauerphase. Der Geist, der mit dem göttlichen Wissen, mit seinem Schutzengel in Verbindung steht, muss nun hart durchgreifen und zusehen, dass der Mensch wieder zu seinem inneren Gleichgewicht kommt und somit der Schutz wieder gewährleistet ist.

Verschiedene Situationen können zu einem Zusammenbruch

des natürlichen Schutzes führen. So kann eine schwierige oder speziell negative Situation zum Schock führen. Dieser Schock bewirkt, dass die Aura aufplatzt und Energien direkt auf den Körper des Menschen zufliessen können.

Liebeskummer, Krankheit, Stress, Gewalt, plötzliche Konfrontationen, Unfälle etc. sind eher natürliche Gegebenheiten, die diesen Schock auslösen können.

Aus esoterischer Sicht gilt es auch, das Karma oder die Sternenkonstellationen zu berücksichtigen. (Beide stimmen überein, da bei einem belasteten Karma die Sternenkonstellation dementsprechend schwierig ist.) Das Karma ist die momentane Lebenslektion, die aus vorherigen Leben entsteht. So müssen im Leben manchmal gewisse Aufgaben, die höchst unangenehm sind, gelöst werden. Diese Energieform, die durch das schwierige Karma einfliesst, ist eine belastende, oft sogar negative Energie. Diese Energie kann die Aura dementsprechend schwächen, muss sie ja auch schwächen, damit durch die Aura die Lektionen angezogen werden können. Es gilt hier, die Situationen mit bestem Wissen und Gewissen zu lösen und zu wissen, dass der Schutz an sich bestehen bleibt.

Die Schöpfung pflegt ihre Wesen und mutet ihnen nur Lektionen zu, die sie bewältigen können.

Unsere Aufgabe ist es, genug Selbstliebe aufzubringen, damit wir uns selber nicht verlieren; mit dieser Selbstliebe für unsere Existenz und unser Wohlbefinden zu kämpfen, uns abzugrenzen und uns nicht weiterhin von Drittpersonen schwächen oder beeinflussen zu lassen. Darin liegt unsere Aufgabe, denn nur wir selber können die Verantwortung für unser Leben tragen.

Konfrontation mit der Negativität (Böser Blick, Eifersucht, Neid, Faulheit, Boshaftigkeit, Sucht, Gewalt, Macht) können den Schutz gefährden.

Die Begegnung mit diesen Energien kann einen Menschen in seine eigene Negativität stürzen. So zum Beispiel kann die Missgunst eines anderen einen Menschen in eine depressionsartige Trägheit hineindrängen oder Suchtverhalten auslösen. Umgekehrt können selbst gelebte Eifersucht und Neid Rückschläge hervorrufen, die sich wiederum auf die eigene Negativität niederschlagen.

Es gibt Menschen, die mittels manipulativer Techniken versuchen, andere zu beeinflussen oder sie zu gewissen Handlungen oder Entscheidungen zu zwingen. Dies müssen nicht immer magische Praktiken sein. Ein sensitiver Mensch kann schon durch das Spüren gewalttätiger Gedanken in Stresssituationen geraten. So können Verhörtechniken oder Intrigen, Mobbing, wie aber auch Magie, dieselbe Reaktion hervorrufen. Es gibt aber auch gewisse Heiltechniken, die magisches und dämonisches Wissen einsetzen, um zu heilen. Hier wird Negativität zum Heil eingesetzt. Was jedoch beim energiesensitiven Menschen als negativ aufgenommen wird und ihm auch schadet, sei es körperlich oder auch psychisch-seelisch. Obwohl diese fragwürdigen Techniken oft unwissentlich praktiziert werden, ist der Anwender vor den Konsequenzen nicht geschützt. So kann nach jahrelanger erfolgreicher Tätigkeit plötzlich ein Energiezusammenbruch vorkommen. Denn durch den schädigenden – oft unbewussten – Einfluss auf andere, kann sich diese Energie gegen uns selber richten. Dies kann zu massiven Reaktionen und Begegnungen mit der Negativität führen.

Die kosmischen Gesetze werden detailliert in einem späteren

Kapitel beschrieben. Eines der kosmischen Gesetze sagt: Alles, was gesät wurde, kehrt zurück, so auch unsere bösen Taten. Haben wir Magie manipulativ angewendet, oder intrigiert, mentale Energie aus Eigennutz angewendet, jemanden durch unser egozentrisches Verhalten verletzt oder manipuliert, z.B. durch eigenmächtiges und erzwingendes Fernheilen ohne Erlaubnis, fallen alle diese Taten auf uns zurück. Diese Energierückläufe können sich wie magische Attacken anfühlen, sind jedoch «Echos» des eigenen Verhaltens.

Aura, Chakren und unser Körper

Die Aura ist unsere feinstoffliche Haut und das Energiebild des Menschen. Diese Aura erscheint in verschiedenen Farben und Farbnuancen. Jede Farbe entspricht einem Prinzip oder eben einer Energie. Die Deutung dieser Energie wird in esoterischer Sprache als Auralesen bezeichnet. Es gibt Menschen, die spezialisiert sind, die Aura zu lesen. Es ist jedoch für jeden von uns möglich, Auras zu spüren.

Versuchen Sie es! Halten Sie Ihre Hand ca. 5 cm von Ihrem Körper entfernt, die Handinnenfläche zum Körper. Sie werden mit der Zeit ein Kribbeln, eine Wärme, einen kühlen Hauch oder auch einen Windstrom spüren. Unser Körper ist auch ein Teil unserer Aura. Er ist geballte Energie, die sich in der Form des Körpers manifestiert. Die Aura oder was wir die Aura nennen, ist im Gegensatz zum Körper weniger geballte Energie und wird nach aussen immer lichter, immer feiner. Dies wird als feinstofflich bezeichnet.

Welche Funktion hat nun diese Aura? Sie schützt unseren Körper vor direkten Energieeinflüssen, z.B. vor Gedanken anderer und vor allerlei Energien, die von aussen kommen. Denken Sie an den Ausdruck «Wenn Blicke töten könnten». Die Energien prallen an unserer Aura ab, damit sie nicht sofort auf unseren Körper stossen. Die Aura ist auch unser Alarmsystem. Und je grösser wir diese Aura tragen, desto mehr Schutz geben wir unserem materiellen Körper. Denn die Aura nimmt intuitiv sofort die Situationen wahr, lässt uns die Haare zu Berge stehen, warnt uns und dient als Knautschzone gegen Energieangriffe. Dadurch, dass wir uns unserer Aura bewusst sind und diese Aura auch vergrössern, erweitern wir automatisch auch unser Bewusstsein.

Denn überall dorthin, wo unsere Aura ausstrahlt, ist auch unser Bewusstsein.

Die Aura umhüllt uns wie eine Energieglocke. Unsere Aura widerspiegelt unsere Gedanken, aber auch unsere Vergangenheit und einen Teil unserer Zukunft. Sie widerspiegelt auch unsere körperlichen und psychischen Leiden. Unser ganzes Wesen ist in der Aura aufgezeichnet. Mit unserer Aura ziehen wir dementsprechend Menschen, die zu uns passen, an. Genauso ziehen wir Lektionen und Situationen an. Haben wir Angst vor etwas, kommt es vor, dass wir genau diese Situation anziehen, denn die Aura wirkt wie ein Magnet. Umgekehrt können wir aber unsere Träume verwirklichen, denn die Aura zieht auch das Positive an. Unsere Aura ist der Übergang von unserem Körper in die geistige Welt, ist das Verbindungsnetz zwischen uns und unseren Schutzengeln und weiter hinauf die Verbindung mit dem Göttlichen. Die Aura trägt unser Geheimnis oder unsere Wahrheit. Dementsprechend widerspiegelt sie auch einen Teil unserer göttlichen Wahrheit. Diese Aura macht es nun aus, dass wir uns wohl fühlen neben einem Menschen oder unwohl. Diese Aura ist eine Art Tüllvorhang, der hilft, uns abgrenzen zu können. Denn es ist möglich – auch nur mit einem Teil – die Aura eines anderen, die Aura der Natur zu teilen. Dies setzt jedoch voraus, dass unsere Aura gross genug ist und so die Abgrenzung zum eigenen Körper stattfinden kann. Ein Mensch kann körperlich krank werden, wenn er seine Aura mit Menschen teilt, die ihm energiemässig schaden. Und so ist es möglich, dass der Mensch in einem negativen Umfeld oder eben als Opfer einer energetischen negativen Attacke krank werden kann. Natürlich können sich die negativen Energien von aussen nur aufgrund der eigenen Negativität (Schwachstellen zum Beispiel) festsetzen und sich dann verbreiten. Es liegt an uns, unsere Aura zu pflegen und sie zu stärken. Wie wir unsere körperliche Haut waschen, sollten wir auch unsere feinstoffliche Haut pflegen.

Unsere Aura ist wie ein Tüllvorhang um uns herum, der wie durch eine statische Ladung Schmutz und Staubpartikel anzieht.

Die Aura ist auch ein Spiegelbild des Inneren, der Gedanken, des physischen wie psychischen und seelischen Zustands des Menschen. Sie ist auch ein Energie-Schutzschild und nimmt in der äusseren Schicht zum Teil die Energie der Umwelt auf. Diese Energien, wenn sie zu lange auf der oberen Schicht liegen bleiben, drücken sich dann langsam ins Innere der Aura, da sie sich mit den im inneren Teil befindlichen Energien verbinden wollen. Bei angenehmen Energien ist dies auch sehr wohltuend. Sind wir jedoch negativen Energien ausgesetzt, z. B. der Aggression, ist dies alles andere als angenehm. Diese Energien drücken auf unsere Aura und versuchen in uns einzudringen. So können wir aggressiv werden oder fühlen uns erschöpft, weil die äussere Aggression uns lähmt. Diese äussere Energie erzeugt bei uns einen Stress, der nicht vom inneren Zustand her kommt, sondern von aussen provoziert wird. Wir passen uns der äusseren Energiesituation an.

Unter anderem kann die Aura auch von negativen Gedanken anderer (zum Beispiel: Feindschaft, Hass, Magie usw.) eine solche Verschmutzung erfahren.

Die Aura ist unser feinstofflicher Körper, der aus Energie besteht. Unser Körper besteht auch aus Energie, jedoch aus geballter.

Die Farben der Aura entstehen einerseits aus den Farben der einzelnen Chakren (Energiezentren) und aus der Ausstrahlung der Energie von jedem Organ. Jede Situation, jeder Gedanke, jedes Gefühl bildet wiederum Farben. Alle diese Farben ergeben das Farbenmeer der Aura. Die Farbe variiert in ihrer Dichte. So sind die Farben, die den materiellen Bereich oder Gesundheitsbereich des Menschen bezeichnen dunkler als die seelischen Farben. Diese bewegen sich meistens in Pastelltönen.

Eine Aura erzählt viel. Sie besteht aus verschiedenen Schichten, in denen unsere Geschichte gleichsam aufgezeichnet ist. In der Verbindung zwischen diesen Schichten wird unsere Geschichte lesbar. (Wenn wir uns das Wort «Geschichte» ansehen, sehen wir, dass das Wort Schicht vorhanden ist. Die Schichten sind aufeinander geschichtet.) Diese Auraschichten sind wie die Rinde eines Baumes und beinhalten Zeit, Ereignisse, Emotionen, Verbindungen, Verdrängungen. Diese Schichten können in verschiedene Bereiche eingeteilt werden.

Der *materielle Bereic*h ist im unteren Teil der Aura um die Füsse und Beine des Menschen lokalisiert. Dort widerspiegelt sich der Körper und seine Gesundheit aber auch alles Materielle, wie zum Beispiel Arbeit und Geld.

Im *emotionalen Bereich*, in der Bauchgegend des Menschen, finden Sie die Gefühle und Ängste wieder (auch psychische Probleme).

Der *Vergangenheits-* sowie der *karmische Bereich* sind unsere Schattenseiten. Hier stecken die Traumen unserer Vergangenheit und alles, was wir im jetzigen Leben verdrängt haben. Der Karmabereich befindet sich im Rückenbereich des Menschen. Die aktuelle Vergangenheit zeigt sich in der Aura an der linken Körperhälfte und auch am Rücken, da die Vergangenheit automatisch im Zusammenspiel mit dem Karma steht. Deshalb zeigt sich in diesen Bereichen auch die jeweilig aktuelle karmische Lektion; nämlich der Teil, der sich mit der Mitte des Körpers deckt. Auf der rechten Seite des Körpers entsteht daraus der Zukunftsbereich, der die Lektion des Karmas und der Gegenwart aufzeichnet. Er zeigt, was zu erledigen ist und wie die Tendenz dafür ist. Er zeigt jedoch nicht auf, wie der Betreffende handeln wird.

Auch Umwelteinflüsse werden aufgezeigt. Meistens am Rande der Aura, je nach Intensität oder Bindung dringen diese Energien tiefer in Richtung Körper ein. Es widerspiegeln sich hier auch die Partner, Kinder und andere wichtige Personen sowie Haustiere. Es zeigen sich hier Freund und Feind und die Energien, die unterstützend oder hemmend wirken.

Ein Mensch hat seine Persönlichkeit, die auch in der Aura mit ihren guten und komplizierten Seiten wahrnehmbar ist.

Genauso werden die eigenen Gedanken in der Aura aufgezeichnet. Je nachdem, ob es klare und helle Gedanken sind oder düstere, erhellt oder verdunkelt sich dieser Bereich. Teilweise können ganze Sätze oder Filme in diesem Bereich gespeichert werden, was in Visionen zur Geltung kommen kann.

Gedanken und Charakter sind in der Kopfgegend sichtbar. Um die Herzgegend hinauf bis über den Kopf ist der seelische Bereich der Aura. Hier zeigen sich die seelischen Energien, die Entwicklungsstufe der Seele wie auch zum Teil die Seelenaufgabe.

Die ganze Aura mit ihren verschiedenen Bereichen und Unterbereichen ergibt ein ganzheitliches Bild des Menschen. In diesen Energieschichten sind alle Informationen wie in einer riesigen Datenbank gespeichert, nämlich Familie, Gesundheit, Arbeit, Aufgabe usw. Leider ist es nicht ganz einfach, in diese Datenbank hineinzugelangen und die gewünschten Informationen jeweils per Knopfdruck zur Verfügung zu haben. Es gibt mediale Menschen, die Teile der Auren sehen und diese interpretieren können. Manchmal offenbaren sich Energien unserer Aura durch Träume oder auch durch Krankheiten.

Chakren sind Energiezentren. Sie sind trichterförmig. Die enge Seite des Energietrichters ist bei der Wirbelsäule festgemacht.

Die Chakraenergie pulsiert kreisförmig. Die einzelnen Chakren verbinden sich und rotieren gegengleich wie Zahnräder. Ist eines der Chakren geschwächt, so wirkt sich das automatisch auf das obere und untere aus. Chakren produzieren einerseits Energien und anderseits filtrieren sie Energien, die von aussen kommen. Die Energien, die von den Chakren ausgehen, ergeben die eigentliche Aura. *Jedem Chakra ist ein Lebensbereich sowie eine Farbe und ein Ton zugeordnet.*

Die Chakren haben die Funktion eines Energiemuskels. Wenn sie durch Energie-Hygiene trainiert werden, ist die Energie, die sie produzieren, feinstofflicher und widerstandsfähiger. Ein trainiertes Chakra filtriert (reinigt) den Energiehaushalt besser und hält den Körper in Harmonie, was den natürlichen Schutz der Aura verstärkt.

Jedes Chakra ist einem Lebensbereich wie auch Organen zugeordnet (s. Anhang). Obwohl die Chakren schon sehr oft definiert und umschrieben wurden, erlaube ich mir, die meiner Auffassung gängigste zu beschreiben, um Definitionsproblemen auszuweichen.

- Das *Wurzelchakra*, auch *Basis-Chakra* genannt, befindet sich an der Wurzel, nämlich bei den Sexualorganen. Die Farbe, welches dieses Chakra abstrahlt, ist rot. Rot als Farbe der Energie und Tatkraft. Das Wurzelchakra verkörpert auch Gesundheit, Fortpflanzung, Stabilität, Urvertrauen, Urenergie, Verbindung mit dem Boden, materielle Durchsetzungskraft und Geld. Körperlich werden ihm Wirbelsäule, Knochen, Nägel, Zähne, Beine, Darm, Blut und Zellen zugeordnet.
  Zum Wurzelchakra werden die Chakren der Kniekehlen und Fusssohlen als Nebenchakren gezählt.

- Das *Sakralchakra* wird auch *Sexualchakra* genannt. Vor allem aus dem Grunde, da es am unteren Bauch lokalisiert ist und die Gefühle, die Emotionen, das Staunen, die Sinnlichkeit, die Erotik, die Kreativität dort sitzen. Es verkörpert den ganzen Beziehungsbereich. Die Farbe dieses Chakras ist Orange, welches die Farbe der Menschenliebe und Kreativität ist. Die organischen Beziehungen sind die Fortpflanzungsorgane, Blase, Niere, Lymphe, Verdauungssäfte. Das dazugehörige Nebenchakra ist das Steisschakra, direkt am Steissbein lokalisiert. Dieses Chakra beinhaltet alles Versteckte, Frustrationen, Süchte, Ängste, Aggressionen, karmische dunkle Energien. Es wird als Verbindung zum Karma assoziiert, denn die aus dem Steissbein fliessende Energie wirkt wie ein Schweif, welcher als Abflussrohr negativer Energien dient und auch als Verbindung zur karmischen Vergangenheit.

- Das *Nabelchakra,* auch *Zentrumchakra* genannt, ist das Zuhause der Chi-Energie (Lebensenergie). Bei den Chinesen und bei den Arabern wird es als das Zuhause der Seele angesehen. Dieses Chakra verkörpert das «Ordnung finden», die Harmonie, die Ausgeglichenheit sowie das Verwirklichen der Seele. Die Farben dieses Chakras sind Orange, Gelb und Grün. Die organische Zuordnung ist dieselbe wie beim Sakralchakra und Solarplexus. Das dazugehörige Nebenchakra im Rücken ist das Kreuzchakra, welches die Stärke, die zu entwickeln ist und das Los, welches zu tragen ist, die Lektion, die zu lösen ist, beinhaltet. Es widerspiegelt demzufolge auch die karmische (Un)Ordnung im Beziehungsbereich.

- Das *Solarplexus-Chakra,* auch *Ich-Chakra* genannt, verkörpert die Ich-Durchsetzungskraft, die Persönlichkeit, Macht und Kraft, Ohnmacht. Die Farbe dieses Chakras ist Gelb, die Farbe der Expansion, des Lernens. Die organischen Zuordnungen sind Magen, Leber, Milz, Gallenblase und das vegetative Nervensystem. Das dazugehörige Nebenchakra im Rücken ist die Mitte des Rückens und verkörpert die karmische Ich-Lektion wie auch Feinde.

- Das *Herzchakra* hat die Farben Grün und/oder Rosa. Es widerspiegelt Liebe, Hingabe, Mitempfinden und Teilen. Zugeordnete Organe sind Herz, Lunge und der Kreislauf. Die dazugehörigen Chakren sind Achselhöhlen, Ellbogen und Handinnenflächen. Das dazugehörige Nebenchakra im Rücken ist in der Mitte der Schulter lokalisiert und verkörpert karmische Liebeslektionen, Hass wie auch verhinderte Liebe.

- Das *Halschakra,* auch *Tor zur Weisheit,* widerspiegelt die Kommunikation, den Selbstausdruck, die Offenheit und Weite sowie Unabhängigkeit und Inspiration. Die Farbe dieses Chakras ist Blau. Als zugehörige Organe werden die Bronchien, die Speiseröhre, die Kehle, der Kiefer und das Kinn gezählt. Als Nebenchakra im Rückenbereich gilt das Nackenchakra, dessen Wirkungsbereich Weisheit, Zugang zu altem Wissen, magische Macht wie auch Abhängigkeit ist.

- Das *Stirnchakra* oder *«das Dritte Auge»* dient der Erkenntnis, der Einsicht, dem Willen, der Visualisierung und der Manifestation. Die Farbe des Stirnchakras ist Indigo. Die entsprechenden Organe sind Ohren, Nase, Augen und Kleinhirn. Dazugehörige Chakren sind Augen und Ohren. Im

Rücken befindet sich das entsprechende Nebenchakra am Schädelansatz und ist zuständig für Gleichgewicht, Klarheit und Ausgeglichenheit.

- Das *Kronenchakra,* auch *Scheitelchakra,* entspricht der Verbindung mit dem Universum, mit dem Geistigen, der Innenschau, der Erkenntnis und dem Bewusstsein. Dieses Chakra strahlt je nach Entwicklung die Farben Amethyst, Weiss, Silber oder Gold aus. Das entsprechende Organ ist das Grosshirn.

Alle Chakren, die sich im Rücken befinden, reflektieren vor allem alles uns Verborgene oder Unbewusste wie auch unsere Vergangenheit. Dort können wir mit unserer eigenen Negativität konfrontiert werden wie auch mit karmischen Energien, die sich zum Beispiel auf einmal mit Rückenschmerzen melden können. So kennen wir in unserem Sprachgebrauch auch den Ausdruck «das Kreuz tragen». Das Kreuzchakra entspricht der karmischen Ordnung, das heisst der zu lernenden karmischen Lektion.

Über die Aura nehmen wir wahr. Die Aura ist mit der Haut zu vergleichen. So wie über die Haut Temperaturunterschiede und Berührungen wahrgenommen werden, werden über die Aura feinstoffliche und grobstoffliche Veränderungen von aussen wahrgenommen. So kann es sein, dass einem die Haare zu Berge stehen im Moment des Erscheinens einer uns unangenehmen Person. Wir nehmen über die Aura jede Energieveränderung auf, auch Wetterveränderungen, welche wir körperlich empfinden können, z.B. mit Kopfschmerzen oder Nervosität (Kinder sind oft sehr unruhig vor einem Schneefall).

Umgekehrt strahlt die Aura unseren inneren Zustand aus. So können andere Menschen uns über unsere Aura wahrnehmen.

Unsere Aura strahlt Dichte oder Undichte, Temperatur, Farben, Muster, Bilder aus. Je nach Fähigkeit unseres Gegenübers nimmt er dies anders wahr.

Diese Bilder (sie können filmähnlich sein) können Symbole aus der Vergangenheit wie auch gegenwärtige Situationen oder Gedankenmuster darstellen.

Gedanken- und Verhaltensmuster können sich zum Beispiel als Netze oder Ketten, Kreise oder in Form anderer Symbole zeigen. Diese Symbole entsprechen meistens der gängigen tiefenpsychologischen und kulturellen Sprache (z.B. Ketten als Symbol für angebunden sein).

Farben und Farbmischungen entstehen durch die Gedanken und unseren Gesundheitszustand, unseren Energiepegel. So widerspiegelt die Temperatur der Aura (es gibt kühle, warme, heisse Auras) den Zustand der Energien. Der Energiehaushalt des Menschen wird so aufgezeichnet.

Dementsprechend ist die Dichte der Aura auch unterschiedlich. Es gibt grobstoffliche Menschen, die eine «grobkörnige» Aura besitzen, die zwar durchlässig ist, aber als hart empfunden wird. Es gibt feinstoffliche Menschen, die zwar eine feine, zärtliche Auraausstrahlung haben, diese Aura jedoch durch die Arbeit am Selbst so trainiert haben, dass diese schön dicht ist und schützt. Es gibt Menschen mit einem mangelnden Selbstbild, mit einem Mangel an Selbstbewusstsein, die deshalb eine schwache, undichte Aura aufweisen.

Die Dichte der Aura wird durch die Anzahl und Grösse der Energiepartikel bestimmt. Eine grobstoffliche Aura besteht aus grossen, grobkörnigen Energiepartikeln, eine grosse Menge an Energie lässt die Aura noch dichter erscheinen, da sich die Energiepartikel eng aneinander schmieden. Bei mangelnder Energie entstehen Zwischenräume zwischen den Energiepartikeln. Die

Aura bleibt zwar grob, der Besitzer der Aura kann jedoch in einem solchen Augenblick äusserst schwach und anfällig auf jeden Energiewiderstand sein.

Eine feinstoffliche Aura besteht aus kleinen, feinen Energiepartikeln. Ihre Dichte hängt vor allem von der Menge dieser Energiepartikel ab. Ist die Anzahl dieser Energiepartikel hoch, wird die Aura dicht, denn die Partikel drücken sich fest aneinander und geben so nach aussen hin Schutz. Je weniger Energie vorhanden ist, desto leichter wird dieses Energienetz und um so weniger Widerstand hat die Aura. Sie wird wie ein Sieb.

Der *materielle* Teil der Aura entspricht unserem materiellen Bereich: Arbeit, Überleben, Gesundheit, Geld. Ein sehr materiell orientierter Mensch verfügt über sattere, dunklere Farben in seiner Aura. Ein Mensch, der sich gerade von einer Krankheit erholt, kann sehr materielle Farben ausstrahlen, da er seine Urkraft sozusagen anheizen muss.

Im *emotionalen* Teil der Aura geht es um unsere tiefere Gefühlswelt, wie z.B. um Wut, Aggression, Zorn, Eifersucht, Unbeherrschtheit, Gier etc. Also eher um grobe Gefühle. Es gibt Menschen, die ihr ganzes Leben in diesem Gefühlsbereich gefangen sind und/oder daran arbeiten müssen. Hormonelle Umstellungen, wie Pubertät und Wechseljahre, lassen uns oft die Kraft dieser emotionalen Energie fühlen. Es ist so, als ob wir von ihr überschattet würden. Die Farben sind hier eher dunkler und hellen sich je nach Aufarbeitung dieser Gefühle auf. Es kann sein, dass dieser Teil sich dann teilweise wie auflöst und vom seelischen Teil übernommen wird.

Im *seelischen* Teil der Aura widerspiegeln sich die feineren Gefühle. Hier entwickeln wir unsere religiösen Gedanken, Liebe.

Dieser Teil ist oft ein Gegenspieler des emotionalen und materiellen Teils. Denn in diesen Bereichen ist das Ego zu Hause. Der seelische Teil hat die Funktion des Hüters und wenn das Ego zu überschwenglich wird und sich der Mensch von seinem inneren Ziel entfernt, reagiert der seelische Teil. Dies kann sich beispielsweise in Form eines Zusammenbruchs manifestieren. Im seelischen Teil sind die Lebensaufgabe, das Urwissen und die seelischen Empfindungen beheimatet. Die Farben des seelischen Teiles gehen ins Pastellige.

Der *karmische* Teil beinhaltet die momentane Lektion, die aus vorherigen Leben entsteht. Er beinhaltet aber auch grundsätzlich die Vergangenheit. Muster aus der Vergangenheit und dem Karma, die gelöst werden müssen, stehen hier in Verbindung mit unserer Schattenseite. Meistens ist dieser Teil eher dunkel, erhellt sich aber mit zunehmender Erkenntnis der Schattenseiten.

Jedes Chakra, jeder Lebensbereich, ist ein Teil der Aura und fliesst dementsprechend in die oben beschriebenen Teile ein.

Jeder Mitmensch, der für uns wichtig ist, hat in unserer Aura einen Platz. So sind Kinder und Partner, Freunde und Feinde in unserer Aura zu finden. Einerseits sind sie in der Aura durch das Karma reflektiert und andererseits durch unsere Erlebnisse mit ihnen.

Ich kenne eine Bauernfamilie. In der Aura des Bauern lassen sich alle Kühe finden, in der Aura der Frau die Kinder und die Katze. Nun ging der Bauer durch eine Krise und durch seine eigene Schwäche wurden automatisch die Kühe geschwächt. Die Folge davon war, dass der Tierarzt sehr oft gerufen werden musste, und dass die Milchqualität rapide fiel. Nach Reinigung der Aura des Bauern ging es den Kühen schnell wieder besser und sehr bald darauf war die Milchqualität wieder sehr gut.

Wenn wir uns um einen Menschen sorgen, auch um einen fremden Menschen, schliessen wir ihn in unsere Aura ein. Die Sorge bewirkt, dass er durch unsere Aurastärke geschützt und geheilt wird, wir aber eventuell dadurch geschwächt werden. Es ist deshalb für Menschen, die in pflegenden, therapeutischen Berufen tätig sind, sehr wichtig zu wissen, dass sie nur ein gewisses Mass an «Sorge» tragen können. Ist unsere Aura nur mit «Sorgenfällen» gefüllt und keine Möglichkeit vorhanden, auf einer anderen Ebene zu regenerieren, so ist der Zusammenbruch vorprogrammiert. Die Sorge für einen anderen ist eine sehr energieintensive Sache. Wenn wir uns der Energiezusammenhänge bewusst sind, sollten wir dies unbedingt berücksichtigen. Wir haben in unserem direkten Umfeld genügend Leute, die unserer Sorge bedürfen und müssen uns nicht mit Sorgen, die nichts mit uns zu tun haben, noch belasten. Denn echte Hilfe ist Herzensliebe und nicht Egospiel. Dasselbe gilt auch für Menschen, die in einem negativen Umfeld leben und sich dessen bewusst sind. Als Beispiel: Die spirituelle Frau oder der spirituelle Mann, der/die seine Arbeit konsequent und ordentlich macht, immer nur das Beste will und als Partner einen Lügner/Betrüger hat. Seine Aura wird dementsprechend durch die Betrügereien des anderen geschwächt, und er macht sich zum Opfer. Wir sind die Energie, die wir ausstrahlen. Wir sind aber auch ein Teil unserer Umwelt. Betrüger, Trickbetrüger und Hochstapler haben das schon lange instinktiv realisiert. Sie nehmen sich als Partner ein reines Wesen, das ihre Aura besser erscheinen lässt. Sie kleiden sich entsprechend und bewegen sich im richtigen Umfeld. Ja, sie sind sogar besonders sympathisch. Es ist wie eine Fernmagie, die sie damit bezwecken. Sie produzieren eine falsche Aurahülle, damit jeder, der keinen «Riecher» für diese Menschen hat, sich täuschen lässt. Wenn wir uns dieses Wissen zunutze machen, dann ist es unbegreiflich, weshalb wir uns jahrelang mit der schlechten Aura der anderen quälen sollten.

Die Aura hat verschiedene Farben. Diese Farben bilden sich aus der Energie der Organe, der Chakren, der Gedanken und der äusseren Einflüsse.

Dies ist nur eine kurze Einführung in die Farbenlehre der Aura. Berücksichtigen Sie, dass alle Farben Schattierungen haben und es Farbmischungen gibt wie in einem Malerkasten.

Die Grundfarben entsprechen den Chakrenfarben.

- Die Farbe *Rot* bedeutet Aktivität, Wille, Aggression, aber auch Krankheit. Zeitlich widerspiegelt sie die Gegenwart.
- *Orange* ist die Strahlkraft des inneren Wesens, bedeutet Individualität, das veredelte Ego, Menschenliebe und Barmherzigkeit aber auch Kreativität.
- *Gelb* ist die Farbe des Lernens, des Expandierens und des Gebens, im Negativen gelebt aber Eifersucht, Unabgegrenztheit, Instabilität. Zeitlich steht Gelb für die Zukunft.
- *Grün* bedeutet Wachstum und Leben, Heilung und Liebe zur Materie.
- *Blau* widerspiegelt die Weite, Unbegrenztheit, Verinnerlichung, zeitlich die Vergangenheit.
- *Indigo* ist die Farbe des Glaubens, der Versenkung aber auch des Willens und der Magie.
- *Amethyst* (Lavendel) wird mit Geistigkeit wie auch mit Wille und Sensitivität assoziiert.
- *Gold* entspricht dem Christusstrahl, also der Weisheit und dem Schutz.
- *Weiss* symbolisiert die Vollkommenheit, die Unnahbarkeit.
- *Silber* bedeutet Reinigung und Erkennen.

- *Schwarz* zieht Lektionen an, kann Krankheiten aufzeichnen, ist die Farbe der Negativität.
- *Grau* ist verdrängte Negativität, Unzufriedenheit, Schwäche.
- *Violett* ist die Farbe des Rausches, der Sucht, der Passion, des Verfallensein, der Leidenschaft, bedeutet aber auch die Erfüllung der Sehnsüchte, die Reinigung und den Leidensweg.
- *Braun* symbolisiert verborgenen Egoismus, Frustrationen, die durch die Unterdrückung von Emotionen (Wut etc.) entstehen.
- *Rosa* ist die Seelenfarbe und widerspiegelt die göttliche Aktivität und dessen Wille, das Allumfassende, die Liebe. Kann aber auch die egoistische Liebe aufzeichnen.

Wie bereits beschrieben, nehmen wir über die Aura und die Chakren wahr. Bilder, Gerüche, Gefühle etc. werden über die Chakren umgesetzt und geben dann das effektive körperliche Phänomen.

Sinne wie Riechen, Schmecken, Sehen, Tasten, Hören und Seinserkenntnis manifestieren sich über die Aura. Solange diese Sinne auf der materiellen Ebene sind, ist das für uns ganz normale Wahrnehmung. Beginnen wir aber Gerüche aufzunehmen, die nicht im Raum riechbar sind, nicht existent sind, oder sehen wir Bilder, die andere nicht wahrnehmen können, hören Dinge, die andere nicht hören, so sind das bereits hellseherische Fähigkeiten.

Durch das Reinhalten und Trainieren der Chakren werden je nach Talent und Bestimmung diese Sinne verfeinert, aber auch unsere Konzentration gestärkt. Dadurch, dass unsere Energien besser fliessen, wird auch unsere Erdung stabilisiert.

Nur riechen oder nur sehen bringt noch lange keine Erkenntnisse. Deshalb ist es ratsam, die Verbindung zwischen den einzelnen Chakren herzustellen. Damit Gefühle aus dem Bauch auch im Herzen wahrgenommen werden können, damit der animalische Geruchsinn mit dem Auge und dem Kopf verbunden werden kann. Dies kann einerseits durch das tägliche Reinigen geschehen und andererseits mit geistiger Tiefenarbeit angegangen werden. Es ist wichtig zu lernen, was unsere einzelnen Wahrnehmungen bedeuten.

Je besser die Chakren miteinander kommunizieren, desto besser können wir an uns arbeiten. Wir können dann besser verstehen und umgekehrt unser Verstehen umsetzen in geordnete Gefühle.

Wir können aber auch durch disziplinierte Arbeit unsere Blockaden lösen und so zu neuen Erkenntnissen und zur Verfeinerung unserer Sinne gelangen.

Es gibt verschiedene Wahrnehmungskanäle. Je nach Ebene wirken sie anders.

So haben wir unser Nervensystem, unser Drüsensystem, unsere Haut, die auf der körperlichen Ebene wirken. Sie übermitteln Impulse, implizieren, dass Energie im Spiel ist, die von der emotionalen wie auch von der äusseren Ebene kommt.

So reagieren und übermitteln auch die Organe Informationen. Einerseits können sie Impulse aus der Psyche aufzeichnen und andererseits von aussen Energien auffangen und auf ein Körperteil als Symptom, welches zum Beispiel als Warnung dient, übermitteln. Bekannt sind Wetterfühligkeit, Kopfschmerzen oder zum Beispiel Bruchstellen, die die Wetterveränderung schmerzhaft anzeigen.

Augen und Ohren übermitteln Bilder und Töne, welche wiederum Gefühle und Energieveränderung am Körper auslösen können.

Die Aura ist wie eine Übermittlungszentrale. Sie übermittelt die Energien des Menschen (Charakter, Gesinnung, Gesundheit usw.) nach aussen in die Umwelt um Kontakt zu schaffen. Sie überträgt aber auch die Energien der Umwelt als Reiz nach innen zum Körper, als Gedankenimpuls ins Bewusstsein.

Wir haben unsere Augen zum Sehen und unsere Ohren zum Hören und unser Verstand verwertet diese Informationen, die wir eventuell verstehen.

Aussersinnliche Wahrnehmungen funktionieren ähnlich wie sinnliche. Das Bild, der Ton oder Gefühl kommen aus einer anderen, unsichtbaren Ebene und werden vom Medialen wahrgenommen und erkannt.

Als erstes müssen wir lernen, unsere sinnlichen Kanäle zu verstehen. Wir müssen lernen zu verstehen, was unser Herz will, und unseren Händen die Möglichkeit geben, danach zu handeln, und unsere Beine müssen uns in die gewünschte Richtung fortbewegen. So bedürfen alle unsere Organe der Möglichkeit sich äussern zu können. Wenn wir die Sprache unseres Körpers verstehen, uns dieses Bewusstsein erarbeitet haben, können wir gesunden und später auf demselben Prinzip die Signale von aussen erkennen und unser Bewusstsein erweitern.

Hellsichtigkeit, Hellfühligkeit und Hellhörigkeit sind angeboren. Doch müssen die Signale, die der Mediale empfängt, zuerst erkannt werden, die einzelnen Impulse verstanden werden. Dies braucht Zeit und sehr viel Bewusstseinsarbeit. Der Mediale muss lernen, seine Wahrnehmungen, die oft in Form von Symbolen oder Gefühlen erscheinen, mit der Aussenwelt, der Realität in Übereinstimmung zu bringen. Erst mit der Erfahrung entwickelt er die Sicherheit zur Deutung seiner Wahrnehmungen, ob es seine eigenen Gefühle sind oder die Emotionen eines anderen oder ob es sich um eine Botschaft aus einer anderen Welt handelt.

Unser Körper ist materialisierte Energie oder mit anderen Worten grobstoffliche Aura. Jedes Organ entspricht einem Lebensbereich oder sagt aus, mit welchen Problemen sich der Mensch belastet.

- Das *Gehirn* steuert unser Denken, unsere Gedanken und Handlungen, das Analysieren.
- Unsere *Augen* sind der Spiegel der Seele, aber auch die Augen der Seele. Sie widerspiegeln Klarheit und den Blick in die Gegenwart, Vergangenheit und Zukunft. Sie nehmen aber auch Millionen von Impulsen und Bildern auf und füttern uns so.
- Die *Nase* entspricht der Selbsterkenntnis, der Sexualität, dem Gespür und vor allem der Bereitschaft zum Leben, denn durch sie fliesst der Lebensatem.
- Die *Ohren* ermöglichen uns, nach aussen hin wahrzunehmen, aber auch die innere Stimme zu hören.
- Über den *Mund* lassen wir Ernährung zu und vokalisieren unsere Bedürfnisse.
- Die *Zähne* entsprechen einzelnen Organen und deuten auf unseren Gesundheitszustand hin, haben aber auch viel damit zu tun, ob wir uns im Leben «durchbeissen» können und sind für unser Entscheidungsvermögen wichtig.
- Die *Kehle,* der Hals gibt uns die Möglichkeit zum vokalen Selbstausdruck. Wir können Gefühle der Macht/Ohn-

macht ausdrücken, für uns selber sprechen und Herzensangelegenheiten Ausdruck verleihen.Der ganze Halsbereich entspricht der kosmischen Einordnung.

- Die *Lunge* widerspiegelt das Leben, den Lebensatem, Mann und Frau. Die Bronchien die Beziehungen.
- Das *Herz,* wie sollte es anderes sein, entspricht der Liebe, Zuneigung wie auch der spirituellen Erkenntnis.
- Der *Magen* hat auch im Leben die Funktion der Verdauung, aber das Verdauen von Situationen, Macht und Ohnmacht sind hier zu Hause.
- Die *Därme* entsprechen dem Fluss des Lebens, der seelischen Erkenntnis, dem seelischen Ausdruck.
- Die *Nieren* sind die Entsorger der Negativität, sie reagieren bei Angst, Enttäuschung, Trauer.
- Die *Leber* ist der Filter der Weisheit. Sie unterstützt das Erkennen von Recht und Falsch. (Vergleich zum organischen Ablauf – das Blut wird zuerst durch die Leber gefiltert, bevor es ins Herz fliesst.)
- Die *Gallenblase* repräsentiert Wut und Ärger.
- Die *Milz* wird auch als Besessenheitsorgan bezeichnet, was mit Fanatismus gleichzusetzen ist. Sie widerspiegelt Abgrenzung und Festhalten.
- Die *Pankreas* (Bauchspeicheldrüse) entspricht der Süsse des Lebens und reagiert gerne bei Bitterkeit im Leben.
- Die *Blase* ist der Behälter des Wassers, also der Emotionen. Gefühlsprobleme können zu Blasenproblemen führen.
- Die *Sexualorgane* entsprechen der Urenergie des Mann- oder Frauseins und des ganzen werdenden Lebens. So sind die Eierstöcke bzw. Samenstränge die Quelle des neuen Lebens, die Gebärmutter der Behälter des neuen Lebens, das weibliche Prinzip. Die Prostata der Behälter des neuen Lebens und das männliche Prinzip.

- Die *Lymphen* entsprechen der inneren Mutter. Sie sorgen für Ordnung (entgiften) im Körper.
- Der *Rücken* ist der innere Vater und gibt Halt und Aufrichtigkeit.
- Die *Beine* lassen uns im Leben vorwärts kommen und tragen uns.
- Die *Arme* lassen uns handeln, umarmen, halten und loslassen.
- Die *linke Körperseite* wird als weibliche Seite bezeichnet, aber auch als Seite der Vergangenheit, des Karmas.
- Die *rechte Seite* als männliche Seite und als Seite der Zukunft.
- Der *Rücken* entspricht unserer Vergangenheit und unseren Schattenseiten, auch denjenigen des Karmas.
- Die *Vorderseite* ist die bewusste Seite, die Seite der Gegenwart, also auch die Seite von Gefühlen, von dem, was man zulässt oder eben nicht zulässt.

Im Land der Erkenntnisse

Im Land der Erkenntnisse war es nun nicht mehr langweilig. Denn die Schlange sorgte für Arbeit. Zuerst schaute sie dafür, dass Adam und Eva in Sorge für ihre täglichen Mahlzeiten waren. Dann sorgte sie für Nachwuchs, der sehr gegensätzlich war. So waren der Streit und Stress geboren. Doch dies genügte der Schlange nicht. Sie schuf eine Nebenbuhlerin für Eva und schuf einen Nebenbuhler für Adam. So wurden die beiden mit jedem Tag mehr und mehr voneinander entfernt. Sorge, Streit, Betrug, Gewalt gehörten von nun an zu ihrem Dasein.
Mit der Zeit erkannten Adam und Eva, dass die Schlange perfid war und eines ihrer Kinder nach dem Ebenbild der Schlange geschaffen hatte, mit allen Qualitäten des Landes der Erkenntnisse – nämlich Kain. Kain erschlug seinen Bruder Abel, der nach dem Ebenbild des Paradieses erschaffen war. Die Schlange hatte auf Abel noch keinen Einfluss gehabt, da er noch zu sehr unter dem Schutz des Paradieses, der Liebe gezeugt wurde.
Adam und Eva hatten viele Kinder miteinander, wie auch mit den Nebenbuhlern. So entstand die Menschheit. Die Schlange gab sich zwar Mühe, Unruhe, Zwist und Bösartigkeit zu säen. Kain als ihr Werkzeug unterstützte dies. Er war es, der seine Schwestern und dessen Töchter schwängerte und für die inzestuöse Fortpflanzung der Menschheit sorgte. Doch gelang es der Schlange und Kain nicht, überall zu gleicher Zeit zu sein und die Prinzipien aus dem Paradies wurden auch weiter fortgepflanzt. So schaffte es Abel, sich in einem neuen Körper zu inkarnieren.
Die Schlange versuchte, sobald sie Gutes und Reines erkannte, es zu verführen und es zu entzweien. Sobald sie entdeckte, dass einer die Harmonie in sich gefunden hatte, überhäufte sie ihn mit all ihren Möglichkeiten der Bösartigkeit (Krankheiten, Intrigen usw.), um ihn in Zweifel, Trauer und Disharmonie zu stürzen. Alles was gut war, versuchte sie zu entfremden.

Kain

Kain ist der Sohn der Schlange und der materialisierte Träger der Negativität. Mit Kains Nachkommen wurde die Negativität vererbt. Seine Sprösslinge haben alle in der einen oder anderen Form Negativität geerbt. Im katholischen Glauben werden diese negativen Erbenergien als die sieben Todsünden bezeichnet. Zur Erinnerung: Trägheit, Zorn, Völlerei, Wollust, Neid, Stolz, Eifersucht. Wie im Kapitel «Im Land der Erkenntnisse» beschrieben, hat Kain seine Schwestern geschwängert und sich in den obengenannten Eigenschaften geübt. Seine Seele jedoch ist die Seele der Schlange. Die Schlange, die im katholischen Glauben die Negativität verkörpert. Er lebte den Hass, die Macht und infiltrierte diese Energien den Sprossen von Adam und Eva; so konnten sich diese Energien bei uns allen weitervererben.

Die Negativität

Die Negativität als etwas Schlechtes oder etwas Böses darzustellen, entspricht einer verkürzten Form unseres Denkens. Befreien wir uns von unserem Schwarz-Weiss-Denken und lassen die Prinzipien der Energien zu, erkennen wir sehr bald, dass die Negativität einen grossen Bestandteil unseres Lebens, unserer Harmonie ausmacht. Ohne Negativität hätten wir keine Gravitation und wären nicht im Stande, auf diesem Planeten zu leben. Negativität bedeutet Schwere, bedeutet Abgrenzung, bedeutet Nein, bedeutet das Gegenteil – die andere Seite, bedeutet Nacht, Schatten, Dunkelheit. Wo wäre der Tag, wenn die Dunkelheit nicht voranginge? Für alle Urvölker ist die Negativität eine Energie wie jede andere. Das Problem beginnt dann, wenn die Energien nicht im Ausgleich, in Harmonie sind. Gewinnt die Form der Negativität die Überhand, dann kann es zu allerlei erschreckenden Erlebnissen kommen. Deshalb haben die Urvölker ihre speziellen Rituale, um solche Energieunausgeglichenheiten wieder in Einklang zu bringen. In unserem Kulturkreis war dies auch so, doch unser zivilisierter Geist, geprägt durch unser Sündendenken, suchte immer mehr nach äusserlichen Merkmalen von Gut und Bös. So wurden in unserem Dualitätsdenken sehr schnell diskriminierende Richtlinien erstellt. Seien dies Rassismus oder asoziale Überzeugungen. Im dogmatischen Denken zeichneten sich verschiedene Richtungen ab. So wurden zum Beispiel Makellosigkeit als die höchste Form dieser Lebensweise angesehen, was oft zur Verdrängung der eigenen Negativität, der schlechte Gedanken führte, oder es wurde das Martyrium proklamiert und es fanden sich Menschen, die sich selbst kasteiten, um ihre schlechten Gedanken aus ihrem Leib zu prügeln.

Liebe und Negativität, Ehre und Sünde sind eng miteinander verbunden.

Die Negativität kann ohne die Liebe nicht leben und die Liebe nicht ohne die Negativität.

Zwei Gegenpole: Der Mangel des einen führt zum Überfluss des anderen und umgekehrt.

Wenn ich mich mit meinen religiösen Gedanken liebe, akzeptiere ich meine Makel und erlaube mir daran zu arbeiten, anstatt mich dafür zu bestrafen.

Gewalt ist wiederum Negativität. Doch zwischen einem einfachen Nein und Zerstörung zu unterscheiden ist schwierig, denn die Negativität birgt in Energieform alles. Das Nein ist eine abgeschwächte Stufe, welche eine Grenze zeigt. Die Zerstörung ist eine stärkere Form dieser Energie – ein Dilemma, das bei der Kindererziehung wohl am einfachsten nachzuvollziehen ist. Wann ist eine Strafe hilfreich, wann beginnt sie zu zerstören? Braucht ein Kind Schläge? Sind Schläge unter dem Vorwand «weil ich Dich liebe» vertretbar? Das Nein ist eine Art, die Situation überschaubar zu machen, einzugrenzen. Schläge können sehr bald überhand nehmen – wie eine Sucht. Die Negativität nützt die Kraft der Schläge und produziert mehr Negativität und damit einen Teufelskreis(lauf).

Die Liebe in uns ist der Pegel, das Thermometer. Damit regulieren wir das Zulassen jeder Energie. Wären wir vollkommen, wäre die ganze Energieproblematik nicht vorhanden, denn wir hätten von jeder Energieform, auch von der Negativität, genau den richtigen Anteil in uns.

Doch beginnen wir, um das Prinzip der Negativität näher zu erleuchten, mit Luzifers Fall aus dem Himmel. Luzifer hatte, wie alle anderen Engel und Erzengel, seinen Platz im Himmel. Doch mit seiner Fackel, seinem Wahrzeichen, fand er, er sei ein Lichtträger und sei deshalb gleichrangig mit Gott. Er begann mit seiner Fackel eine Missionstour und versuchte allen klar zu machen: «Schaut, ich habe das Licht, ich bin Gott!» Nach mehrmaligen Ermahnungen, was sein Verhalten nicht änderte, übergab Gott dem heiligen Michael den Auftrag, Luzifer in seine Schranken zu weisen. Der heilige Michael schritt mit seinem Schwert auf ihn zu und ein Kampf begann. Die Folge des Kampfes war, dass Luzifer vom Himmel auf den Planeten Erde stürzte. Dort wandelt er nach wie vor mit seiner Fackel und nennt sich Gott, Gott des Materialismus. Doch funktioniert er immer noch unter der Gesetzmässigkeit des Himmels. Das heisst, sein Herr und Meister ist der dreifaltige Gott. Denn Luzifer ist untergeordnet wie alle anderen Engel. Indem wir hier auf diesem Planeten geboren werden, sind wir automatisch zur Hälfte Materie und zur anderen Hälfte Geist. Unser materieller Teil, unser Körper, entspricht dem Prinzip der Negativität, also dem Prinzip des Materialismus. Denn unser Körper ist manifestiert, er hat Widerstand, er hat Schwerkraft, hält mit seiner Schwerkraft unseren Geist. Mit diesem Körper sind wir automatisch mit negativen Energien und dem Prinzip der Polarität verbunden.

Diese Negativität in unserem Körper regulieren wir durch unseren Geist, durch unseren Willen, der wiederum Kraft und Stärke durch unsere Liebe zu uns selbst bekommt. Der Geist und der Wille entsprechen dem herrgöttlichen Prinzip, die Faulheit und Willenlosigkeit dem materiellen Prinzip. Jeder von uns wird irgendwann in seinem Leben mit diesen beiden Prinzipien konfrontiert.

Die Pubertät ist eine dieser Zeiten, in welcher diese Prinzipien für den Betroffenen, wie auch den Beobachter, deutlich ersichtlich werden. Wir wollen zwar, aber können nicht. Es fühlt sich so an, als ob der Wille und die ganze geistige Energie irgendwo abgekapselt in einem Gefängnis sässen. Und die Macht der materiellen Energie, der Faulheit und der Depression herrscht über uns. Der Mediziner bezeichnet das als Krankheit, der Energieberater als eine Energieunausgeglichenheit.

Wir verbringen nun unser ganzes Leben, um die Harmonie zwischen diesen Energien herzustellen. Sei dies über den medizinischen Weg mit Kräutern und anderen Mitteln oder über den psychotherapeutischen Weg mit Gesprächen und Erkenntnissen, über den spirituellen Weg, über das Gebet.

Allerdings sind wir nicht alleine. Es gibt andere, die sich mit diesem Überschuss an materiellen Energien sehr wohl fühlen und diese materielle, diese negative Energie verehren und pflegen. Diese Energie beinhaltet Macht, Wachstum durch Vermehrung, durch Besitz, Grenzenlosigkeit im Besitz und in der Lust, Gewalt, Unantastbarkeit, Herrschsucht und Bequemlichkeit, Faulheit. Der Machtgedanke ist sehr verführerisch. Erfolg und Macht, Geld und Gewinn sind Teile unseres Lebens. Es sind Gesetzmässigkeiten, die wir als geistige Menschen respektieren und anwenden müssen oder dürfen. Wie jedoch solche Gesetzmässigkeiten dieses Planeten angewendet werden, ist uns freigestellt. Wir können sie in der Form der Negativität anwenden mittels Korruption, Treuelosigkeit, Macht und Gewalt, oder wir können sie mit innerer Treue, Ethik, Geradlinigkeit, Anstand und Ehre angehen.

Anfangs dieses Kapitels habe ich Negativität als Abgrenzung, als Nein beschrieben. Damit tun sich die meisten geistigen Menschen schwer. Denn das geistige Prinzip ist «Ja» und «offen», doch wie ein Bekannter von mir so schön sagt: «Wer ganz offen ist, kann ja nicht ganz dicht sein»! Dies ist das Problem der geistigen Menschen. In dem Moment, in welchem sie das Prinzip des Neins erkennen und sich abgrenzen, spielt ihnen die Negativität ein Schnippchen, denn die Negativität ist alles einvernehmend und droht dann dem Neuling mit schlechtem Gewissen, Egoismus und Gottlosigkeit. Sie versucht dem Neuling klar zu machen, dass er Opfer der Negativität wurde, indem er sich ihr zuwandte. Doch so ist es nicht. Der geistige Mensch ist zur Hälfte auch «negativer» Mensch durch seinen Körper. Der geistige Mensch muss lernen, sich auf diesem Planeten der Materie materiell durchzusetzen. Also mit reinem Geist, mit reinem Herzen die Gesetze dieses Planeten, die Gesetze der Negativität anwenden, damit die Erde in Harmonie bestehen bleibt. Nur wer die Sprache der Negativität kennt, kann die Negativität verstehen und bremsen. Solange ich mit offenem Herzen und weinender Seele gegen Unrecht schreie, lacht mich die Negativität aus, schwächt mich und stellt mich als nicht ganz dicht hin. Wenn ich aber dicht und kompakt «Nein» sage und kämpfe, dann kann ich Veränderungen bewirken und kann die Negativität auf ihren Platz zurückweisen. (Als Symbol zum Beispiel: der heilige Michael, der mit seinem Schwert gegen die Negativität kämpft, sie in die Schranken weist. Der Erzengel Michael entspricht den Herzensenergien, also der Liebe, sein Schwert dem Nein.)

Die Negativität ist eine wuchernde Energie, die überall, wo sie Fuss fasst, zu wachsen beginnt. Um sie im Zaun halten zu können, müssen wir Licht und Erkenntnis in unser Leben bringen. Dies ist auf verschiedenen Wegen möglich; z. B. mit Beten, in der Psychotherapie, in der Energie-Hygiene. Denn nur dort, wo Dreck, Schmutz und Dunkelheit sind, kann sich diese Energieform durchsetzen. Sie braucht einen Nährboden. Solange wir ihr diesen Nährboden geben (z. B. unser Verhalten nicht ändern), kann sie sich verbreiten. Verdrängen von diesem Planeten können wir sie nicht, denn sie gehört auf diesen Planeten und durch diese Energie ist der Planet stabil in seiner Erdatmosphäre; aber nur solange die Negativität ihre Arbeit im Gleichgewicht mit den anderen Energien erledigt. Die Negativität hat spezifische Aufgaben auf diesem Planeten, genauso wie jede andere Energieform auch. Die Negativität ist hart und konfrontierend, zerstörerisch und dient uns als Lehrmeister. Der Dreifaltige Gott ist liebevoll, wachstumsfördernd, schöpferisch und geduldig. Wir haben von beidem Anteile und wandeln durch diese Erde und sollten unseren Geist verwirklichen. Doch nur in der Konfrontation mit unserer eigenen Negativität können wir mehr Geist durch unseren Körper fliessen lassen. Die Negativität konfrontiert uns mit all unseren dunklen, schwachen Stellen. Sie konfrontiert uns mit unserem – wie ich ihn gerne nenne – «inneren Schweinehund» und unser Geist, unser freie Wille löst die Situationen, kämpft gegen diesen inneren Schweinehund und je nachdem, wer siegt, ist mehr Licht oder mehr Dunkelheit auf diesem Planeten. Die Negativität begegnet uns in jeder Form, denn sie erhebt ja den Machtanspruch. Es liegt an uns, an unserem Verstand, an unserem Herzen, die Lektion wahrzunehmen, die Situation zu durchschauen und zu erkennen, was echt oder unecht ist.

Die Negativität als Form von körperlicher Gewalt ist für uns überschaubar. Doch beginnt sich diese Negativität im Geist zu verbreiten, wird es komplizierter. Sei dies der geniale Betrüger, der mit seinen Geschichten unsere Gier oder unser Mitleid weckt und uns so um unser materielles Gut erleichtert oder sei dies der selbsternannte Erleuchtete, der seine Jünger auf eine einseitige Bahn von Schwarz und Weiss, von Bös und Gut führen will.

Alles hat seine Berechtigung auf diesem Planeten, doch zu unterscheiden, was für uns gut ist, für jeden einzelnen von uns, das ist uns überlassen. Welchen Weg wir wählen, welche Rechtmässigkeiten für uns gelten, das können nur wir selber für uns entscheiden. Mit der Übernahme der Verantwortung für uns selbst entscheiden wir uns schon gegen die Negativität, denn Negativität übernimmt keine Verantwortung. Sie will leben, frönen, existieren, expandieren, fressen, sie will aus ihrem Dasein ein grosses Fest der Fülle machen. Die Negativität nimmt, was sie nehmen kann, und gibt nur, um noch mehr zu bekommen oder um zu verblenden (die Fackel). Der seelisch-geistige Mensch übernimmt Verantwortung, um seine Lebenslektionen zu erlernen und um seinen Körper, seine Energien zu läutern, um Geist im Körper zu sein, um Geist zu materialisieren.

Die Negativität verabscheut jegliche Lebenslektion, ausser sie stellt sie anderen.

Der Hass wird nicht als Todsünde bezeichnet. Der Hass ist ein Prinzip, wie es die Liebe ist. Er lebt genau das Gegenteil der Liebe. Hass ist gleichzusetzen mit Besitzanspruch, mit Festhalten, Vermehren, Gier und Macht. So lässt Hass nichts zu. Alles, was ihm im Weg steht, muss zerstört oder gezähmt werden. Hass ist eine sehr ätzende Energie, die einem die Luft raubt. Sie ist verbrennend. So erleben Menschen, die sich von Hassbeziehungen distanziert haben, immer wieder das Phänomen, dass sie sich selber verlieren, also ihre eigene Zukunft regelrecht sabotieren oder sich gesundheitlich in einen Engpass begeben. Viele beschreiben es auch so, als ob sie von innen her verbrennen würden.

Feinstoffliche Menschen lassen sich gerne von «Hassern» in ihre Gewalt bringen, da sie diese Energieform einerseits nicht verstehen und andererseits sich ihr ausliefern.

Sehr bald zeigen sich gesundheitliche Probleme, wie Gliederschmerzen, Asthma usw., oder psychische Probleme. Sie können aber auch einer schweren Lethargie oder Trägheit verfallen. Auch nimmt das Suchtverhalten in solchen Fällen gerne überhand. Dies ist die schwere Energie des «Hassers», die die feine Energie des seelischen Menschen erdrückt und durchtränkt und sich an der vorhandenen inneren Negativität festsetzt. Löst sich der Seelenmensch von diesem Umfeld, braucht er lange, bis diese Energie nicht mehr selbständig in seinem Körper weiter wuchert.

Was mich immer wieder fasziniert, ist einerseits der Abfall von «Hassern» und andererseits ihre gehorteten Schätze. Meistens sind ihre Wohnungen überhäuft mit Waren. Alles, was noch zu gebrauchen ist, wird gehortet. Sie geben nur dann etwas weg, wenn sie dadurch etwas Neues gewinnen können – sei dies Anerkennung oder etwas Besseres. Werfen sie jemals was fort, dann darf es unter keinen Umständen für andere brauchbar sein (jemand könnte es aus dem Abfall nehmen). Sie zerstören alles, damit es nicht wieder verwertbar ist. So handhaben die Hasser leider auch ihre Lebenspartner.

Es ist im Alltagsleben oft schwierig, Hass von Liebe zu unterscheiden. Für den einen ist es fördernd, den Partner zu besitzen oder besessen zu werden und für den anderen ist dies ein Gefängnis oder eine Untat.

Der Hass entspricht den urmateriellen Gefühlen, die wir in der Tierwelt und beim primitiven Menschen immer wieder beobachten können. Es ist die Welt des Fressens und Gefressen werdens. Der Stärkere hat die Macht. In dieser Welt bewegen sich noch viele von uns. Sie entspricht dem Naturgesetz des Überlebens, welches einer primitiven biologischen Fortpflanzungs- und Erhaltungsenergie unterliegt. Der geistige Weg lässt alle leben und schützt die weniger Starken. Unter welche Gesetzmässigkeiten wir uns stellen, müssen wir ganz für uns selber entscheiden und mit dieser Entscheidung uns von den entsprechenden Gesetzen leiten lassen.

Mit der eigenen Negativität beginnt der Prozess unserer Selbstentfaltung. Unsere Negativität wird uns oft von der Umwelt widerspiegelt. Wir müssen lernen, diesen Spiegel zu lesen.

Begegnet uns Eifersucht, weil wir eifersüchtig sind oder weil wir Angst haben, Eifersucht anzuziehen? Sind wir eifersüchtig, weil wir unsicher sind, oder weil wir von der Eifersucht des anderen in Besitz genommen werden, oder sind wir grundlegend eifersüchtig?

Dies sind Fragen, die uns im Zusammenhang mit jeder Negativität beschäftigen sollten.

Negativitäten sind einerseits die sogenannten Todsünden: Hochmut, Neid, Geiz, Zorn, Unmässigkeit, Trägheit, Wollust und andererseits können es unsere Tugenden sein. Es ist im ersten Augenblick schwierig zu verstehen, dass z. B. Bescheidenheit, Mässigkeit, heitere Ausgeglichenheit, Wahrhaftigkeit, Aktivität, Mut, Vernunft negativ gewertet werden können. Doch in jeder Tugend wie auch Untugend ist stets auch die Gegenenergie zu Hause. So kann heiteres Ausgeglichensein gelebt werden, um wahre tiefe Emotionen zu verbergen oder Vernunft kann zur übermässigen Vorsicht werden, welche jede neue Aktivität mit Warnsignalen blockiert. Bescheidenheit kann im negativen Sinn dazu führen, dass wir unsere menschlichen Bedürfnisse ignorieren und uns immer mehr das Recht auf «Leben» absprechen. Genauso kann ein Glaube sehr schnell in Fanatismus ausarten, alles immer in der Meinung, es sei gut und richtig. Diese tugendhaften unwillkürlichen Energien können sich von selbst nicht regulieren. Der Mensch sollte den Massstab für seine Energien selbst setzen. Kann er dies nicht, kommt er in den Sog dieser Energien, gut wie schlecht. So können auch schlechte, sehr traurige und schockähnliche Erlebnisse durch die Energie, die sie freisetzen, bei dem einen stärker wirken als beim anderen.

Wir müssen lernen, diese Negativitäten, diese Bremser und magnetischen Punkte zu erkennen und zu lösen, umzupolen.

Wichtig ist, die Negativität durch «schlechten Lebenswandel» zu berücksichtigen, denn wir machen sie durch unser Konsumieren zur eigenen. Die perfideste, von aussen nach innen getragene Negativität ist wohl das Amalgam (Quecksilber), welches uns durch unsere Zähne mit jedem Kauen vergiftet. Das Amalgam ist reine Negativität. Wenn man bedenkt, dass auch nach dem Entfernen des Amalgams das Schwermetall im Körper weiter wirkt, obwohl kein Metall mehr in den Zähnen ist (ist nur durch richtiges Ausleiten zu stoppen), ist dies sehr bedenklich. Neueste Forschungen haben ergeben, dass Amalgam den Prozess der Aufnahme des Nährwertes jedes auch noch so gesunden Nahrungsmittels mindert. Mit Amalgam im Mund spielt es demnach keine Rolle, ob Sie Junkfood oder Vollwertkost essen. Ergo lässt es uns verhungern! Beschäftigt sich der Leser mit der Amalgamproblematik, wird er feststellen, dass seit Beginn die Verwendung von Amalgam umstritten ist. Trotzdem hat sich das Amalgam – durch die eigene Spielart der Negativität, die dieses Metall verkörpert – durchgesetzt.

Aus eigener Erfahrung weiss ich, wie hartnäckig dieses Amalgam in seiner Energieform ist und wirkt. Es ist interessant, wie diese Energieform alles daransetzt, ihre Aufgabe wahrnehmen zu dürfen. So dringt Amalgam energiemässig in die Gedanken ein und erklärt einem, dass es unschädlich sei. Es hat die Fähigkeit, Bioresonanztests wie auch andere Testformen zu verfälschen. Im Grunde verfälscht das Amalgam jedes medizinische Krankheitsbild, da es diverse Symptome auslösen kann, die interessanterweise nach der Entfernung verschwinden und sich erst dann die wahre Konstitution des Menschen zeigt. So ist es in der Homöopathie erst dann möglich, das richtige Konstitutionsmittel zu finden, wenn das Amalgam entfernt und ausgeleitet ist. Die Vergiftungssymptome des Amalgams sind zum Teil dieselben wie bei magischen Attacken. Ausserdem werden die Symptome magischer Attacken drastisch verstärkt, wenn Amalgam vorhanden ist, und es kann zu akuten Krankheitsfällen, zum Beispiel zu plötzlichen Lähmungen aber auch zu Schizophrenie kommen.

Was mich am meisten fasziniert hatte, als ich meine drei kleinen Amalgamfüllungen entfernen liess, war, dass nicht nur meine Gliederschmerzen und mein Heuschnupfen plötzlich verschwunden waren, sondern dass ich in der Nacht vor dem Zahnarzttermin massiv von «Amalgam-Energie-Monstern» attackiert wurde, die mir mit aller Gewalt mein Vorhaben vereiteln wollten. Die Energie, die nach dem Entfernen auf einmal durch meinen Körper floss, war unbeschreiblich. Es war wie sonniges Licht, Leben und Freude, alles auf einmal. Zwar hatte ich einen halben Tag Schwierigkeiten mit meiner körperlichen Koordination, doch bald floss die Energie wieder normal, so wie die Natur es geplant hatte. Eine empfehlenswerte Erfahrung für jeden, der noch Amalgam in sich hat und erfahren möchte, wie es sich lebt ohne diese Negativität im Körper.

Drogen, gewisse Medikamente, Elektrosmog, um ein paar andere Umwelt-Energien zu nennen, können Energiestörungen hervorrufen. Übermässiger Alkoholgenuss verwirrt die Sinne und weckt oder hemmt die Urtriebe. Der konsumierte Alkohol verändert die Farbe der Aura und somit die Ausstrahlung des Menschen. Die Energiewesen, die sich dadurch angezogen fühlen, können nur durch den Alkohol existieren. Also beginnen diese Wesen, den Menschen zum weiteren Trinken anzukurbeln. Alkohol strahlt die Farben der Gewalt und der Aggression in die

Aura aus. Kein Wunder, dass Menschen mit grossem Alkoholkonsum selber aggressiv oder gar Opfer von Gewalt werden. Marihuana wirkt nach demselben Energieprinzip. Es strahlt jedoch nicht Aggression in die Aura aus, sondern Passion, eine Farbe, die der Hassenergie entspricht. Diese Energieform wirkt langsam, ätzend und schwerfällig. Einem sensitiven Menschen mag sie zuerst hilfreich erscheinen, weil ihre Farbe, ein Lila, der Sensitivitätsfarbe ähnlich ist. Jedoch ist das Lila des Marihuana bedeutend dunkler und strahlender und entspricht so der Hassfarbe. Wie man bei allen starken Marihuanarauchern beobachten kann, werden sie faul, unzuverlässig und immer selbstzerstörerischer. Sie leben in ihrer Sucht wie in einer Religionssucht und realisieren nicht, dass sie nicht vom Fleck kommen. Sie sind zwar Meister grosser Sprüche, interessieren sich für das Geistige, doch ziehen sie nur lähmende, dunkle, verwirrende Energien an. Die Marihuanaraucher sind jene, die sich am ehesten von ihrer «weissen» Negativität verblenden lassen – ganz im Sinne: «Marihuana macht nicht süchtig, lässt mich handeln, tut mir gut. Es ist ja eine Pflanze. Und ich fühle mich frei.»

Elektrosmog, TV-Strahlen und Wasseradern sollten auch nicht ignoriert werden. Sie können jegliche innere Negativität steigern und auch krank machen. Dies sind nur ein paar wenige Aspekte zu unseren Zivilisationsgiften.

Ein wichtiges Thema ist auch die Sexualität. Beim Orgasmus kommen die Seelen beider Partner für einen kurzen Moment zusammen, die Auren öffnen und vermischen sich bedingungslos. Somit kann sich, wenn beide Partner übereinstimmen, ein Wohlgefühl, ein Energiezuwachs ergeben. Sind die Partner jedoch gegensätzlich, kann dies für den einen Energiezuwachs und für den anderen Energieverlust bedeuten. Ein sehr sensitiver Mensch kann dadurch, dass er die Aura des anderen samt allen Schatten und Bildern wie auch Energiestrukturen aufnimmt, erdrückt werden und mit der Zeit am Partner erkranken. Die Negativität des Partners wirkt dann von innen nach aussen durch die Aura.

Die Energie wird aber nicht nur durch Gegenstände und durch die Luft übertragen, sondern auch durch Töne. Musik sorgfältig auszuwählen ist deshalb sehr empfehlenswert, denn auch Musik kann heilend oder destruktiv wirken.

Zum Schluss sollten wir unsere Gedanken als Negativ-Energieträger nicht vergessen. Denken wir zerstörerisch, so pflanzen wir diese Energien in unsere Aura ein und ziehen dementsprechend Destruktion an. Dasselbe gilt bei Angst. Positiv denken heisst nicht blind oder dumm sein. Positives Denken birgt die Möglichkeit, etwas verändern zu können. Negativ denken heisst, sich in die unangenehme Situation hineinzusteigern, alles als chancenlos zu sehen. Die Wahrheit nicht sehen wollen, denn Wahrheit ist manchmal unangenehm, ist auch negatives Denken. Positiv ist es, diese Wahrheit zu erkennen, Klarheit darüber zu erhalten und eben mit den positiven Gedanken die Möglichkeit, es zu ändern, anzugehen. Menschen, die sich ihrem Selbstmitleid hingeben, verringern die Möglichkeit des Neuen, einer Veränderung und verschmutzen ihre Aura mit ihrer eigenen Negativität.

Eine Situation zu erkennen und nicht zu lösen, sich nicht davon zu befreien, kann ebenso giftig wirken wie reines Gift für den Körper.

Wenn wir die Liebe zur Negativität aufbringen, ihre Prinzipien verstehen und im geistigen Sinne anwenden können, dann haben wir die Negativität entmachtet: Sie steht dann wieder im Gleichgewicht zum Ganzen!

Abel

Abel ist das Ebenbild des Paradieses, der Harmonie und der Liebe. Auch Abel hat sich in der Zeit der Geschehnisse fortgepflanzt und vermehrt und musste in seinen Reinkarnationen immer wieder mit Kain kämpfen und lernen zu überleben. Im Laufe seiner Leben hatte er auch Kinder, die wiederum das Paradies in sich trugen. Abel wurde immer wieder inkarniert. Heute werden die Nachkommen von Abel als Lichtträger bezeichnet. Aber auch diese müssen durch den Besitz eines menschlichen Körpers mit den sogenannten Erbsünden kämpfen und müssen immer noch auf der Hut sein vor der Schlange und vor Kain. Es ist die Aufgabe dieser Lichtträger, Harmonie und Liebe zu verbreiten, das Paradies zu finden, um dann den Menschen den Weg ins Paradies zu zeigen.

Die Liebe

Die Energie der Liebe ist fein, zart, fragil und gleichzeitig biegsam und schmiegsam. Die Liebe ist wie ein Windhauch, der zärtlich über den Boden streicht und Staub wie Blätter aufwirbelt. Diese Energieform ist Licht wie auch licht. Das zarte Rosa dieser Energie lässt uns verspielt und fröhlich wirken, es gleicht uns aus. Alles was im Raum ist, wird von dieser Energie gestreichelt und umschmeichelt, egal ob gut oder böse, hell oder dunkel. Die Energie der Liebe lädt uns ein, mit ihr auf Höhenflüge zu gehen, zu träumen, einfach glücklich zu sein. Sie wertet nicht. Wird sie jedoch angegriffen, zieht sie sich zuerst zurück, um nicht auseinander gezerrt zu werden. Danach umringt sie sanft und weise die attackierende Energie, um die Umgebung zu harmonisieren. Sie dringt langsam und sachte in die kleinen Ritze, denn sie weiss, dass alles, was hart und unbeugsam ist, mit der Zeit bricht. Sie hat Geduld und ist wachsam. Ihr Ziel ist es, in jede Ritze, in jede Höhle, in jeden Spalt Licht zu bringen. Sie dringt niemals mit Gewalt ein, nein, sie schlüpft in die allerkleinsten leerstehenden Plätze, Orte, die Niemandsland sind. Es liegt der Liebe fern, Besitz anzumelden oder sich zu bereichern. Wieso auch? Sie ist reich. Sie ist das Licht. Sie ist die Energie der Seele, der Ehre und der Würde. Sie ist die Energie des Herrgöttlichen, der Schöpfung.

Fragt man verschiedene Menschen über ihr Verhältnis zur Liebe, werden entsprechend viele Antworten kommen. Viele Antworten sind vom Besitzdenken geprägt, im Sinne: «Der Partner ist mein...» oder «Wenn ich verwöhnt werde, weiss ich, dass ich geliebt werde».

Hass habe ich vorher mit Besitzanspruch bezeichnet, die Liebe möchte ich schlicht so bezeichnen: «Liebe ist Freiheit.»

Freiheit: was heisst das? Kann ich tun und lassen, was ich will, kann ich mir nehmen, was ich will? – Es ist wichtig, hier nicht ins Denkmuster des Hasses, des Besitzes zurückzufallen. Freiheit ist, seiner Seele die Möglichkeit zu geben, in materialisierter Form hier auf diesem Planeten zu wirken. Dies bedeutet, den Weg des Lichtes, der Wahrheit zu gehen. Somit ist all dies möglich, was auf diesem Weg steht. Machtspiele sind out. Es heisst, nach bestem Sinn und Wissen wie auch Gewissen zu handeln. Die anderen werden mit einbezogen und trotzdem ist unser Individuum das Wichtigste. Dies ist durch die Ehrfurcht vor all den Lebewesen und vor allem vor sich selber möglich. Die Zerstörung anderer und der Natur liegen nicht mehr auf unserem Weg. Versucht jemand, auf unserem Weg uns oder unsere Umwelt zu zerstören, müssen wir gewaltlos, jedoch konsequent uns und unsere Umwelt behüten. Die Liebe leben heisst nicht unbedingt, dass wir für alle lieb sind. Liebe zu leben hat sehr viel mit Abgrenzung zu tun. Wir können und dürfen nicht das Leben der anderen leben, sondern können lediglich Ratschläge geben und wegweisend sein. Wir müssen dem anderen die Freiheit geben, den eigenen Weg zu gehen und seine Fehler zu machen. Wir dürfen dem anderen, auch wenn er noch so bemitleidenswürdig erscheint, nicht die Möglichkeit geben, uns auszunehmen und zu schwächen. Denn nur wenn wir uns pflegen und hegen, können wir unsere Aufgabe tun. Wir können aber nicht erwarten, dass ein anderer, nicht wissender Mensch, dies alles versteht. Also liegt es an uns, uns abzugrenzen. Wir sind Vizechef unseres Lebens, der grosse Chef leitet den Kosmos, wovon wir ein Teil sind. Es gibt viele Dinge in diesem Leben, welche wir nicht verstehen können, doch sie gehören zu dieser Welt. Selbst wenn diese Dinge schädlich sind für uns und unsere Umwelt, können wir sie nicht vernichten. Sie sind unsere Lehrmeister. Deshalb ist es wichtig, diese Prinzipien zu ehren, indem wir sie erkennen. Wir können nicht ein Teil von ihnen werden, aber wir können ihre Funktion für uns erkennen und so Veränderungen einleiten.

Ein zunächst unverständliches Nein hat schon vielen den Weg zum Ja gezeigt.

Der Weg der Liebe ist sicherlich nicht einfach, da er sehr viel Arbeit am Selbst verlangt. Es geht darum, bei sich selbst die Negativität zu ordnen, seine eigenen Egospiele und selbstzerstörerischen Tendenzen zu erkennen und umzupolen. Dann heisst es, die Lebensgesetze zu leben, nicht als Moralist, sondern als normaler Mensch, der Fehler macht und daraus lernt. Das Schwierige ist wohl, alles in der Aussenwelt umzusetzen und zu versuchen, normal zu erscheinen in dieser Welt der Macht und Gewalt – und dabei auch noch etwas zu erreichen. Doch so, wie sich der Nil für Moses und sein Volk geteilt hat, teilen sich auch unsere Widerstandswände. Liebe ist der grösste Schutz für einen seelischen Menschen, denn er ist aus diesem Stoff gemacht. Leben wir Gottes Liebe oder in anderen Worten das Paradies in unserem Dasein, kann die Negativität nicht wirken, denn die Schlange wird auf ihren Baum verbannt.

Ehre und Freiheit sind zwei bedeutungsvolle Begriffe, die uns auf dem Weg ins Paradies begleiten. Denn wo und wie anders können wir die Bedeutung dieser zwei Begriffe erkennen, als in der Konfrontation mit unseren Lehrmeistern der Negativität?

Schattenseiten

Um die Liebe leben zu können, müssen wir den dunklen Gang zu unseren Schattenseiten antreten. Keiner von uns ist schattenlos. Der menschliche Geist und Intellekt sind genial und vielseitig. Der menschliche Körper ist schwerfällig und faul. Mit diesen Voraussetzungen und der Tatsache, dass unsere Fehler oder Schwächen auch unsere Talente sein können und umgekehrt wir gerne Schwächen als Talente tarnen, müssen wir dieses Thema vorsichtig angehen. Ein gutes Beispiel in der Spiritualität ist immer wieder die Treue, vor allem die sexuelle Treue. Treue ist im spirituellen Denken ein Bestandteil der Ehre. Doch so gerne meldet sich der Trieb (die Schlange ist am Werk) auf unserem Weg der Selbstentfaltung. Im Urwald der Entfaltungs-Angebote schaltet unser Ethikfilter gerne aus, und wir stellen uns auf den Weg des geringsten Widerstandes ein. Warum sich nicht ins Tantra hineinstürzen, um die Süsse des Lebens mehr geniessen zu können (dies natürlich mit verschiedenen Partnern), um dann der/m PartnerIn mehr geben zu können? Dass Tantra eine heilige Form der Liebeskraft und Energien ist, geht da voll und ganz verloren. Das Angebot ist ja da, da muss es etwas Gutes sein. Der Hintergrund, dass in den Tantra-Tempeln für die Mönche ganz spezielle Partnerinnen (die Reinheit der Energien spielt da eine sehr grosse Rolle) ausgesucht werden und dass zuerst Opfer- und Reinigungsrituale durchgeführt werden, wird hier sehr oft vergessen. Auch wird ignoriert, dass dem Mönch, ausser dieser ihm auserwählten Partnerin, keine andere Frau zur Verfügung steht.

Die Sexualität ist ein ganz wichtiger Faktor in der Spiritualität, da sie die Urkraft im Körper und Geist zusammenfliessen lässt, uns so «eins» werden lässt. Wie vorgängig bereits erwähnt, finden sich im Moment des Orgasmus die beiden Seelen und können für einen kurzen Moment zusammenfliessen. Dies bedeutet aber auch, dass die Auren der beiden ihre feste Form verlieren und ganz und gar ineinander fliessen und für diese Zeit eins sind. Dies alles ist wunderbar und sehr stärkend, wenn die beiden Partner energiemässig zueinander passen. Doch kann dies für einen sensitiven (feinstofflichen) Menschen den Tod bedeuten, wenn er seine Aura mit einem extrem grobstofflichen Menschen vermischt. Wir kennen das Beispiel von Menschen, die allergisch auf ihre Partner reagieren, z.B. mit Hautausschlägen, Asthma etc. Es kann aber noch bedeutend weiterführen; nämlich bis zu schweren Krankheiten. Am einfachsten nachzuvollziehen ist es für den feinstofflichen Leser, wenn er sich zurückerinnert an eine Begegnung, welche ihm körperliche Schmerzen verursacht hat.

Bleiben wir beim Thema Treue. Wie schnell siegt doch unsere Unsicherheit, und im Selbstbedienungsladen der Angebote finden wir bald etwas Passendes, sei es die/den Mediale/r oder MagierIn oder den richtigen Kurs, der uns die Macht verleiht, unseren Partner auf seine Treue hin zu kontrollieren oder ihn gar so zu manipulieren, dass er nicht anders kann, als treu zu sein. Je mehr man sich mit solchen Machttechniken beschäftigt, desto mehr entfernt man sich wiederum von der Ehre. Kann der Partner Ihnen gegenüber die Ehre der Treue nicht aufbringen, dann ist er vermutlich nicht der richtige Partner für Sie. Können Sie ihm die Ehre der Freiheit (dass er selber entscheidet, was richtig ist) nicht geben, dann sind Sie nicht der richtige Partner für ihn oder sie.

Auf dieser beschwerlichen Wanderung durch die Schattenseiten ist wohl immer noch zusätzlich zur Ehre und Freiheit die Frage nach der Macht. Macht zu leben ist zerstörerisch – innere Kraft zu leben ist aufbauend.

Um diese innere Kraft zu leben, müssen wir uns mit allem, was unsere Schattenseite birgt, auseinandersetzen. So auch mit unserer Vergangenheit, manchmal inklusive Karma, mit unseren Ängsten, Verdrängungen, Verhaltens- und Denkmustern. Jede Energie in uns und um uns birgt immer das Positive wie auch das Negative. So kann die Liebe auch im Negativen gelebt werden, nämlich als aufopfernd und verschlingend oder als egozentrisch. Das Gleichgewicht aller Energien und Eigenschaften in sich selber zu finden, bedeutet eine lange und anstrengende Reise. Vor allem eine einsame Reise. Denn sehr oft sind die Menschen um uns herum Spiegelbild, Be- oder Ausnutzer, Gegenspieler und selten Begleiter. Doch sind sie alle unsere Lehrmeister und deuten uns den Weg. Das Selbstvertrauen und die Selbstliebe müssen wir in uns selbst mobilisieren. Diese Liebe ist es, die wir brauchen, um unsere Schattenseiten zu erhellen.

Spirituelle Krise Negativität

Die Negativität ist ein Bestandteil unseres Kosmos, unserer Erde, unseres Daseins und sogar unseres Körpers. Negativität ist, wie wir gesehen haben, Gravitation, Schwere, Abgrenzung, Schranken, Dunkelheit, Nacht, Nein, Schnitt, Massstab etc.

Eine spirituelle Krise beginnt dann, wenn die Negativität nicht mehr in Grenzen gehalten werden kann und überhand nimmt.

Versuchen wir das Prinzip der Negativität zu verstehen. Die Negativität ist allumfassend, gierig, mächtig, hart, hinterhältig, auffressend, verbrennend. Sie will immer gewinnen, sie will sich vermehren. Die Negativität hat jedoch ein Problem: sie braucht Licht, um zu expandieren, um zu wachsen und um leben zu können. Konkret sieht das so aus: An Lichtplätzen oder an Lichtmenschen versammelt sich die Negativität, um eben diesen Lichtplatz oder Menschen für sich zu vereinnahmen. Es liegt am Hüter des Platzes oder an der Lichtperson, diese Negativität zu erkennen und fernzuhalten. Wird sie nicht erkannt, umschlingt die Negativität diese Person wie eine Schlange, und mit der Zeit verliert diese Person mehr und mehr ihre Kraft und ihren Willen. Dies kann zu sogenannten psychischen Problemen führen: von Depression bis zu Schizophrenie. Die Negativität funktioniert in Machtstrukturen. Sie wird versuchen, die innere Kraft der Lichtperson zu brechen und ihr jegliche Würde und jegliches Ehrgefühl zu rauben. Dies ist in vielen Beziehungen immer wieder ersichtlich.

Die einfachste Form der Negativität, die wir uns erlauben zu erkennen, ist die Krankheit – körperlich wie psychisch. Wir haben gelernt, mehr oder weniger damit umzugehen. Trotzdem hat unsere Gesellschaft Mühe mit allem, was «krank» ist. Mit körperlichen Krankheiten kommen wir besser zurecht, der Arzt kann ein Medikament verschreiben oder operieren. Mit psychischen Krankheiten hat unsere Gesellschaft schon mehr Schwierigkeiten. Die Psychiatrie wird von vielen als ein besseres Gefängnis angesehen, ohne Chance auf Besserung. Alles was nicht in unsere Denknorm passt, wird schnell als psychisch krank klassiert. So steigern sich die Reaktionen unserer Gesellschaft, wenn Menschen unter Energiephänomenen leiden, wenn sie Wesen sehen, wenn sie Energieattacken haben. Da gibt es oft kein Gehör, sondern der Leidende wird automatisch als psychisch krank abgestempelt. Dass er vielleicht schon als Kind Feen und Zwerge gesehen hat und Ereignisse vorausgeahnt hat, wird nicht beachtet. Nein, er wird als «Schonimmerspinner» klassifiziert.

Auch im breiten Spektrum der Esoterik wird die Negativität gerne verdrängt oder verschwiegen, gar als eine Unmöglichkeit betrachtet, denn «geht man den richtigen Weg», sei nur «Gutes» möglich.

Es gibt auch Gruppierungen, die die Negativität pflegen und hegen, wie zum Beispiel in Satanskulten.

Dass der Kosmos und unsere Erde eine Mischung verschiedener Energien ist, scheint zwar logisch, wird aber immer wieder als sicher und als nur «rein» hingestellt. Dies mag wohl gelten für alle, die keine Negativität ausstrahlen, keine karmischen Lektionen mehr zu bewältigen haben und nicht unter den physikalischen Gesetzen der Anziehung des Gegenpols stehen. Aber was ist mit seiner natürlichen Negativität, beispielsweise der Gravitation und Masse seines Körpers? Ich glaube, es ist dem Leser klar, dass wir immer irgendwie mit Negativität konfrontiert werden.

Die Astralwelt hat verschiedene Ebenen, feinere und weniger feine. In dieser Energiewelt leben verschiedene Energiewesen, helle und dunkle – Feen, Zwerge, Dämonen, Geister. Solche, die Ruhe haben und solche, die keine haben, Engel, geistige Führer und Lehrer. Eine vielfältige Welt mit ihren Spielregeln, Problemen und Charakteren.

Blinder Glaube kann dazu führen, dass sich der medial Arbeitende in reger Diskussion mit einem beherrschenden Dämon befindet, im Glauben, dass es sich um seinen Schutzengel oder Führer handle. Der Dämon spricht, sagt voraus, lügt und sagt zwischendurch die Wahrheit, nur damit der im blinden Glauben sich Befindende mit der Zeit schwach wird, sich lächerlich macht. Dann kann der Dämon immer mehr Einfluss nehmen. Dämonen sind Blender, sie können sich in der Gestalt Heiliger zeigen, in welcher Gestalt auch immer. Sie krallen sich gerne an die Aura des Medialen fest und versuchen mit ganzer Gewalt in den Körper einzudringen. Dämonen sind Parasiten. Sie ernähren sich von Energien und wollen ein irdisches Haus und Werkzeug, damit sie ihren Unfug anstellen können. Es gibt unter den Dämonen verschiedene Wesen, von bösartigen, besitzergreifenden bis zu simplen dunklen Energien, die im Wald oder Keller leben.

Wie es besitzergreifende Dämonen gibt, gibt es auch Verstorbene, die keine Ruhe finden. Darunter fallen diejenigen, die einfach herumgeistern und nicht wissen, dass sie tot sind. Aber es gibt auch solche, die immer noch Macht ausüben wollen. Diese Verstorbenen können genauso besitzergreifend sein wie Dämonen.

Die Frage ist wohl, wie es passieren kann, dass man von solchen Energien besetzt wird.

Ich möchte noch einmal das oben erwähnte Lebensgesetz zitieren: *«Was man ausstrahlt, zieht man an.»* Ein Mensch mit vielen Problemen und Ungereimtheiten, ein Mensch mit starkem Machtdenken oder einer, der seine Emotionen, wie Eifersucht und Neid, nicht im Griff hat, ist, wenn er beginnt, mit medialen Praktiken zu arbeiten, dazu prädestiniert, solche Energien anzuziehen. Menschen mit sehr schlechtem Selbstwert, die solche Praktiken anwenden, um endlich jemand zu sein, sind ebenso gefährdet. Jeder, der seine eigene Negativität nicht erkannt hat und unbewusst bleibt, bewegt sich mit esoterischen Praktiken auf sehr unsicherem Boden.

Es gibt Menschen, die selber nicht mit medialen Experimenten arbeiten. Sie engagieren aber zum Beispiel einen Magier, um Macht auszuüben. Sei es, um den untreuen Ehemann zurückzuholen oder um Erfolg zu erzwingen usw. Auch diese Menschen werden Opfer der von ihnen beauftragten Energien. Auch sehr mediale, unabgegrenzte Menschen wie auch Tiere können von solchen Energien angegriffen, ja sogar besetzt werden, sei dies karmisch bedingt oder eben durch ihre Sensitivität. Diese Energien können auch durch harmlos scheinende Heilpraktiken angezogen werden, die mit der Anwendung von magischen Kraftsymbolen arbeiten. Die Anwendung dieser Symbole setzt eine gewisse Energie- und Charakterstärke voraus. Wenn diese Voraussetzung nicht erfüllt ist, wendet sich die Kraft gegen einen selber. Gewisse Kraftsymbole, magische Zeichen rufen aber auch Energien hervor. Meistens ist sich der Anwender nicht im Klaren, mit welchen er es zu tun hat. Für ihn sind es Kraft- oder Heilsymbole. Eine Behandlung mit solchen Kräften kann, wenn die Energie nicht mit der des Behandelten konfiguriert, zu attackenähnlichen Beschwerden führen.

Geistiges Leben hat genauso wie das materielle Leben seine Hürden, die gemeistert werden müssen. Eines sollte nie vergessen werden:

Geistiges Leben hier auf der Erde wird immer in materieller Form gelebt werden müssen.

Das heisst, dass das geistige Wissen hier umgesetzt werden muss und kann. Ist solches Wissen für uns unverständlich, gar absurd, ist es besser, die ganze Sache mit Vorsicht anzugehen oder gar die Finger davon zu lassen. Es liegt an uns selber, unseren Verstand einzusetzen und für uns selber zu entscheiden. Wir Menschen haben einen freien Willen, der dazu da ist, dass wir handeln können und dürfen. Es liegt nur an uns, wie wir das Geistige zulassen und anwenden. Lektionen, die wir lernen müssen, Wissen, welches wir erfahren dürfen, drängen sich von selbst auf. Verstehen wir etwas nicht, werden wir bald wieder die Chance haben, diese Lektion zu begreifen.

Wenn wir aus unserer Mitte weggetreten sind, befinden wir uns in einer spirituellen Krise; was ist in diesem Moment recht, was ist unrecht? Gibt es einen Herrgott oder nicht? Bin ich selber Meister meines Lebens oder nicht? Der Wein ist da zum Trinken, die Drogen sind da zum Konsumieren. Es ist alles ein Teil der Natur. – Es entsteht ein Wirrwarr der Gefühle, der Prinzipien und dies mit der Zeit auf allen Ebenen.

Die Krise in den Griff zu bekommen heisst, sich wieder dem Wesentlichen zu nähern.

Das Karma

Karma ist die private Buchhaltung unserer vorhergehenden Leben. Die Karmaeinflüsse sind wie Planeten, die auf uns wirken. Diese Karmaeinflüsse sind Lektionen, die in der Gegenwart zu lernen sind. Je nach Lebenssituation, unabhängig vom Lebensalter, stehen andere Lektionen an. Auch solche, die früher gelernt wurden (in diesem oder einem anderen Leben), können als Prüfung wieder erscheinen. Normalerweise erscheinen sie in einer feinstofflicheren Form. So zum Beispiel bei Gewalt-Problematiken, die sich von körperlicher zu psychischer Gewalt bis in die feinstofflicheren Ebenen der magischen Gewalt wandeln können.

Wir begegnen auch immer wieder denselben Seelen über die Zeit unserer Karmas. Ich nenne sie Mitspieler und Gegenspieler. Mitspieler begleiten uns und lernen mit uns, Gegenspieler machen uns das Leben schwer, indem sie unsere Lektionen sind. Dies meistens im Rahmen von Machtspielen und Verblendungen. Die Lektion der Karmas ist im Grunde genommen sehr einfach. Wir müssen lernen zu überleben und so unsere Spiritualität – unsere Aufgabe, die wir vor Jahrtausenden gefasst haben – wahrzunehmen.

Ich sehe Karma als einen Immunisierungsprozess gegen das Negative. Der seelische Mensch muss lernen, immun gegen die Negativität zu werden. Gegen Triebhaftigkeit wie auch gegen die äussere Negativität. Verwechseln Sie nicht «Immunität» mit Gleichgültigkeit. Denn z.B. gleichgültig der Gewalt gegenüber zu stehen, entspricht ganz und gar nicht karmischen, spirituellen Lektionen. Gemeint ist, dass wir nicht an der Gewalt zerbrechen dürfen, sondern die Angst davor verlieren müssen, damit wir ihr das Wirkungsgebiet entreissen können. Je mehr Menschen sich gegen Gewalt und Bösartigkeit auflehnen und angstfrei für Verängstigte eintreten, desto weniger Wirkung hat die Negativität. Diese Gewalt oder Macht oder Manipulation findet sich überall, in allen Varianten. Und jeder von uns hat durch seine karmische Lektion die Möglichkeit, an einem Ort dieses Prinzip anzupacken. Karma ist immer lernen und umsetzen. Karma ist nichts Endgültiges. Eine Ehe kann karmisch sehr belastet sein und als zum Scheitern verurteilt angesehen werden. Jedoch kann sich dies durch das Aufarbeiten der Lektionen (Konfrontationen) komplett ändern, solange die Partner Mitspieler sind und nicht Gegenspieler. Das Leben auf diesem Planeten ist Lernen, Lernen und nochmals Lernen. Einmal lernt man dies und das andere Mal genau das Gegenteil, um alles ein Bisschen zu komplizieren. Wir sind hier zum Arbeiten: «Ora et labora!», wie es der heilige Benedikt beschrieb. «Bete und arbeite!», Beten als Meditation, als Erkennen der Lektion und Arbeiten als Lernen und Umsetzen.

Durch das Karma ist es auch möglich, dass wir uns schon im ersten Moment mit einer Person so gut verstehen, als ob wir uns bereits seit Urzeiten kennen würden. Unsere Seele erkennt den anderen. Und da die Seele keine Zeit kennt, ist bei sehr grosser Sympathie die Blockade des konditionierten rechten Verhaltens gebrochen.

Es gibt manchmal Situationen, in denen Karmaeinflüsse extrem stark und wie ein Sog wirken. Dies geschieht sehr oft bei Kindern oder bei emotional ungeschulten Personen. Dies kann sich so auswirken, dass der Betroffene die Kontrolle zusehends verliert oder seinen Charakter grundlegend verändert, als stünde er unter Drogeneinfluss. In diesem Moment ist es angebracht, mit professioneller Hilfe den Karmaeinfluss zu hemmen, um langsam die Lektion in den Griff zu bekommen.

Karma reinigen oder lösen wir durch Erkenntnis, um dann gemäss dieser Erkenntnis unser Leben anzupassen und zu verändern. Dieser Prozess muss nicht mit der Bewusstwerdung der karmischen Bilder erlangt werden.

Es genügt, Mit- und Gegenspieler zu erkennen und vor allem sein eigenes positives oder negatives Spiel zu sehen.

Dieser Prozess kann mit Freunden, mit psychotherapeutischer Hilfe und auch mit medialer Hilfe unterstützt werden. Die Essenz ist die: Jeder muss sein eigenes Karma, seine eigene Geschichte lösen und erkennen. Wieviele Schichten diese Geschichte hat, wird sich zeigen.

Die Entschuldigung «Es ist halt Karma, ich muss es ertragen!» gibt es nicht.

Es ist Karma und Karma ist das Produkt unserer Seele und unsere Seele will an ihren Lektionen wachsen.

Jede karmische Situation muss gelöst werden. Nicht nur aus egoistischen Gründen, sondern auch für die anderen, die daran beteiligt sind. Denn jeder von uns ist auch ein Teil des Weltkarmas. Lösen wir etwas, ermöglichen wir denen, die die Fähigkeit nicht haben an sich zu arbeiten, einen Schritt in ihrem Leben vorwärtszukommen.

Es kann vorkommen, dass wir selber unsere karmische Situation verstanden und das Problem in den Griff bekommen haben, jedoch der daran Mitbeteiligte nicht. Dieses Band zwischen den Beteiligten kann oft als hemmend im Leben wirken. Wenn der Zeitpunkt richtig ist und die Lektion gelernt wurde, kann der Betroffene durch das Zerschneiden der karmischen Bänder Ruhe finden. Dies funktioniert aber erst, wenn der richtige Zeitpunkt erreicht ist. Diesen Punkt können wir nicht bestimmen. Es ist jedoch ratsam, dieses Durchtrennen der karmischen Bänder oft zu wiederholen und so seine Absicht der Loslösung klar zu zeigen. Der karmische Lektionspartner macht dann seine Prüfung anderweitig.

Das Erkennen von Karma ist sicher faszinierend, löst aber das Karma nicht. Ein Karma kann nur durch Handlung gelöst werden. Wenn wir mit bestem Wissen und Gewissen handeln, zeigen wir im Lauf unserer Geschichte, was wir gelernt haben. Das vorzeitige (bevor die Lektion abgeschlossen ist) Abrufen eines Karmas, um es dann intellektuell zu lösen (zum Beispiel «letztes Mal blieb ich, also gehe ich dieses Mal») bringt nichts, da hier die Lektion des Herzens nicht stattfindet. Mit bestem Wissen und Gewissen heisst, dass auch die Liebe geprüft wird. Die Liebe auch zu sich selbst, denn jeder ist ein Teil der Schöpfung.

Es gibt verschiedene Wege, einfache und schwierigere, das Karma zu erfahren:

So kann Ihnen ein Karma wahrnehmender Hellseher wertvolle Symbolbilder und Geschichten liefern und mit Ihnen die karmische Situation erläutern und eventuell sogar auflösen.

Mit einer Karma-Meditation können Sie die Bilder selber aufrufen. Das Verstehen und Interpretieren dieser Bilder ist nicht einfach und sollte mit professioneller Hilfe aufgearbeitet werden. Es besteht natürlich auch die Gefahr, dass Sie in Ihrer Meditation Bilder sehen, die Ihnen Angst machen. Deshalb ist es sehr wichtig, immer eine kompetente Vertrauensperson zur Seite zu haben.

Rückführungen sind durch einen Therapeuten geleitete Karma-Meditationen. Während dieser Sitzungen können interaktiv auch spezielle Probleme angesprochen werden.

Es gibt hellsichtige Menschen, die ihre eigenen Visionen haben. Diese müssen lernen, sie zu verstehen und damit umzugehen.

Die Erkenntnis des Karmas wird leichter dadurch, dass die Aura immer wieder gereinigt und dadurch mit Licht gefüllt wird. Licht bringt ins Dunkle Helligkeit und Erkenntnis, ob auf emotionaler oder karmischer Ebene.

Karmische Geschichten können sehr verwirrend sein. So müssen wir oftmals zuerst herausfinden, welche Person wir überhaupt sind. Wir wechseln unser Geschlecht, unsere Hautfarbe, unser Aussehen, sogar unseren Charakter. Einmal sind wir Bösewicht, einmal Wohltäter. Es kann vorkommen, dass wir über mehrere Leben immer wieder mit der gleichen Seele zusammenkommen und uns jedesmal bekriegen. Dies ist eine äusserst ungünstige Verbindung für Ehepaare. Solche Beziehungen können auch in diesem Leben wieder zum Tod führen, lernen die Beteiligten (oder wenigsten einer der beiden) nicht, ihr festgefahrenes karmisches Verhalten zu durchbrechen. Dies kann auf verschiedene Arten geschehen. So zum Beispiel kann sich das Opfer aus seiner Opferrolle befreien und aus der Beziehung aussteigen. Der Täter hat dieselbe Möglichkeit. Die beiden können die Situation erkennen und gemeinsam den Entschluss fassen, sich zu trennen, anstatt sich zu zerfleischen.

Wir haben karmische Geschichten in den verschiedensten Zeitaltern. So können Verhalten, die im Mittelalter als normal galten, für uns heute als verachtungswürdig angesehen werden. Deshalb ist es wichtig, sich mit den jeweiligen Kulturen und Riten auseinanderzusetzen. In der Zeit der Inquisition waren

Hexenverbrennungen Alltag. Begegnen wir heute jemandem aus dieser Zeit, der unseren damaligen Tod durch Verbrennung verschuldet hat, können wir ihn nicht dafür bestrafen und dürfen ihn auch nicht dafür belangen. Es ist wichtig, ihm jetzt zu verzeihen, denn oft weiss die Seele nicht mehr, dass wir uns im 20./21. Jahrhundert befinden. Es wird dann kompliziert, wenn der ehemalige Inquisitor uns weiterhin verfolgt und selber nicht erkennt, dass er in einem karmischen Sog gefangen ist. Doch nur schon das einseitige Erkennen dieser Geschichte bietet Schutz. Im Laufe der Zeit, meistens nach ca. 6 Monaten, lösen sich dann auch die extremen Energiespannungen.

Jedes Zeitalter, jede Kultur entspricht einem Zeitgeist. Unter diesen Aspekten und den Naturgesetzen wächst unsere Seele und lernt. Eine alte Seele ist eine Seele, die die Erfahrung all dieser Kulturen hat. Eine bewusste alte Seele weiss auch, dass die Vergangenheit nicht besser und nicht schlechter war als unsere Gegenwart ist. Auch inkarnierte Götter mussten im Laufe der Äonen zu menschlichen Wesen werden und ihre Lektionen lernen. Atlantis ist vorbei, aus welchen Gründen auch immer. Die Erinnerung an dieses Wissen kann heute nur im Rahmen unserer Zeit angewendet werden. Ob wir fortgeschrittener oder zurückgeblieben sind bezüglich den atlantischen Zeiten, kann nur unsere persönliche karmische Buchhaltung entscheiden und nicht die Macht, die wir besitzen oder besitzen möchten.

Wir sind auch der Evolutionsgeschichte unterlegen. Wenn wir bedenken, dass die Schichten der Natur sich aus dem Mineral zur Pflanze, dann zum Tier entwickelt, um sich dann als Seelengruppe zu einer menschlichen Seele zu formen, müssen wir davon ausgehen, dass wir in uns Energiepartikel haben, die sich noch an diese nichtmenschliche Zeit erinnern. So sind Erinnerungen an Tierleben oder Pflanzenleben für den geübten Karmaseher normal und auch sehr wichtig. Denn sehr oft sind die Energien, die aus diesen vorhergehenden Leben stammen, gekoppelt mit den Urinstinkten und Trieben, wie zum Beispiel mit Ängsten.

Eine Frau kam zu mir mit extremen Stress-Symptomen. Als ich mir ihre Aura ansah, konnte ich im ersten Moment nur wahrnehmen, dass sie auf Leben oder Tod gehetzt worden war. Darauf angesprochen meinte sie, es sei ihr Sohn, der dies bei ihr auslöse. Im aktuellen Karma sah ich ein Reh, welches von einem wilden Tier zu Tode gehetzt und dann zerfleischt wurde. Ich reinigte das Karma, und die problematische Situation legte sich bei den beiden schlagartig.

Es lohnt sich, diese primitiven Karmen anzugehen, denn die Kraft der Energie, die aus ihnen fliesst, ist vehement und oft unkontrollierbar. Ich erinnere mich noch, als meine Kinder ganz klein waren und ich mich als Tigerin erlebte. Ich beschützte meine Kinder wie eine wilde Tigerin und es durfte sich ihnen kein Fremder nähern. Obwohl ich sonst sanftmütig und kontaktfreudig bin, war ich zu diesem Zeitpunkt äusserst aggressiv, abweisend und misstrauisch. Alle meine Urinstinkte waren wach. Dies war nicht unbedingt angenehm, denn ich konnte riechen, was am anderen Ende der Strasse vorging. Durch das Erkennen dieser Tigerin in mir war es mir wieder möglich, meine Sinne zu kontrollieren.

Schlimmer Liebeskummer wird oft durch die Begegnung unserer ehemaligen Kinder als potentielle Liebespartner ausgelöst. Die Karmaenergie lässt uns wieder die alten Muster als Mutter/Vater/Kind fühlen und oft benehmen wir uns dann entsprechend. Wir lassen uns von den schlechten Manieren unserer ehemaligen Kinder quälen, haben laufend und sehr viel Angst um sie, wir lassen uns hinhalten, oder geben ihnen alles, oder versuchen ihr Leben zu kontrollieren – ja, und meistens gehen sie dann! Der Mutter-Vater-Instinkt wird durch die Begegnung wieder erweckt. Wir verhalten uns dann unbewusst danach. Das Erkennen dieser Karmen ermöglicht es uns, diese Fixierungen zum Partner zu lösen.

Sehr sensitive, unabgegrenzte Menschen können das Phänomen von multiplen Persönlichkeiten entwickeln. Es lohnt sich in einem solchen Fall, die karmische Ebene zu betrachten. Sehr oft wird der Sensitive, je nachdem mit wem er es zu tun hat, energiemässig in das betreffende Karma geschleust und handelt somit gemäss dem Charakter und dem Muster dieser alten Geschichte. Ein Auflösen des Karmas, soweit möglich, und das Arbeiten an der seelischen und energetischen Abgrenzung, kann ihn zu seiner jetzigen Persönlichkeit führen und ihn darin festigen.

Karma ist nicht nur Lektion und Prüfung. Karma ist auch eine Erziehung und Ernüchterung der Seele.

Der feinstoffliche Krieg

Der feinstoffliche Krieg spielt sich über die energetische Ebene, also über die Aura ab. Die Aura ist unser Energiekörper. Sie reflektiert unseren Gesundheitszustand, die einzelnen Organe, das Nervensystem, unsere Emotionen, unseren Charakter, einen Teil unserer Zukunft, unsere Vergangenheit, unseren ganzen feinstofflichen Teil. Der sichtbare Körper ist der verfestigte Teil der Aura, die zur Peripherie hin immer feinstofflicher wird. Wenn wir sterben, fällt der Körper, der materielle Teil, ab. Später löst sich dann auch noch ein Teil der Aura, ein grobstofflicher Teil. Die Seele, je nach Entwicklungsstatus, übernimmt im Jenseits Aufgaben oder geht in die Schule. In den höheren Ebenen ist die Seele reine Seele und losgelöst vom irdischen Ego. Diese Seele ist in unserem irdischen Leben im Körper zu Hause. Sie schützt uns, sie ist das Licht Gottes in uns. Diese Seele trägt alles uns betreffende Wissen und den ihr zustehenden Teil des göttlichen Wissens. Wir haben die Tendenz, diese Seele einzuengen mit unserem Ego, Prestigedenken, materialisierten Denken. Dadurch wird dieses Licht unterdrückt, und es kann nur beschränkt scheinen. Der Sinn der Selbstentfaltung ist es, seiner Seele, dem inneren Licht, die grösstmögliche Strahlkraft zu geben, und zwar aus sich selbst heraus. Damit dieses Licht scheinen kann, müssen in therapeutischer Kleinarbeit die Blockaden, zum Beispiel Ich-Blockaden, Traumas und Frustrationen, abgebaut werden.

Manipulanten und Schwarzmagier benützen Techniken, die Blockaden in der Aura aufbauen, um die Lichtkraft nach aussen zuzumauern. Dasselbe gilt für normale Energieballungen, die der Mensch durch seine Sensitivität anzieht. Diese Mauern aufzubauen funktioniert natürlich bleibend nur dann, wenn bereits Schatten und Mauern (Blockaden) vorhanden sind. Denn die von aussen kommenden Energien können sich nur auf den bereits vorhandenen inneren Energien festsetzen.

Energien in der Aura zeigen sich als Farben, Farbmischungen und Muster. Blockaden, Verdrängungen, Ängste zeigen sich meistens mit einem starken schwarzen Anteil. Da Schwarzmagier vor allem gerne mit Schwarz arbeiten, wie sich das schon aus ihrer «Berufsbezeichnung» ergibt, liegt es an uns, unsere schwarzen Seiten aufzudecken. Schwarze Magie ist nicht die einzige Form von Magie. Es gibt sie in allen Farben. Also gilt dasselbe auch für die anderen Farben. Rot zum Beispiel ist Krankheit, aber auch Wut und Aggression. Rot ist eine beliebte Farbe für Manipulationen. Violett entspricht unserer Empfindlichkeit und unserer Sensitivität, aber auch unserer Manipulations- und Hassenergie. Diese Manipulationsenergie in uns können wir selber gegen uns verwenden, zum Beispiel indem wir uns mit den eigenen Egospielen manipulieren. Einige richten diese Energie nach aussen auf andere. Sie kann aber auch sehr gut im positiven Sinn angewendet werden, um Ziele zu erreichen. Violett kann aber auch hemmend und manipulierend wirken.

Das Prinzip von magischen Attacken ist, dass sie sich gegen die Entfaltung der Seele richten. Nur die Seele kann das korrespondierende göttliche Licht aus dem Kosmos anziehen, denn sie ist der göttliche Teil in uns. Und weil wir immer die korrespondierenden Energien anziehen, ist es notwendig, dass wir unsere Seelenenergie stärken, um so mehr Schutz anzuziehen. Dies ist mit verschiedenen Techniken und mit viel Arbeit am Selbst machbar.

Neben der Arbeit an der Seelenenergie ist die Arbeit am Körper sehr wichtig. Jeder Mensch hat seine Schwachstellen, zum

Beispiel den Hang zu einer vererbten Krankheit. Diese Schwachstellen zeigen sich in der Aura mit den entsprechenden Farbschattierungen, zum Beispiel in einer Kombination von rot und grau oder schwarz. Deshalb ist es wichtig, sich auch dort diesbezüglich bewusst zu werden. (Denn diese Schwachstellen reagieren als erste.) Bei gewissen Menschen wirken Krankheiten schneller, bringen sie zur Verzweiflung, andere sind anfälliger auf Unfälle. Und wieder andere trifft es stärker im psychischen Bereich.

Diese Reaktionen sind deshalb möglich, weil die Aura des Attackierten mit Gedanken, in diesem Fall mit negativen Gedanken, oder mit dunklen Energiewesen überladen wird. Diese Gedanken manifestieren sich dann langsam auf dieser Aura. So kann es sich ergeben, dass ein Mensch von einem Tag auf den anderen negativ erscheint, dass seine Freunde keinen Zugang mehr zu ihm haben.

Selber wurde mir das ganz klar zu einer Zeit, als ich selber sehr stark attackiert wurde. Jedesmal, wenn ich auf die Strasse ging, wurde ich alle paar Meter in für mich ungewohnter, widerlichster Art von unangenehmen Männern angesprochen. Ich dachte mir dann: «Wie kommt es, dass derart viele solcher Gestalten überhaupt hier auf diesem Platz sind?» (Früher waren sie sicher schon da, sind mir aber nie aufgefallen.) Wenn ich aber zurück nach Hause ging, mich dann reinigte und wiederum auf die Strasse ging, wurde ich in Ruhe gelassen und höchstens von diesem oder jenem, diesmal attraktiven Mann mit einem Blick beehrt. Die Kreaturen von vorher jedoch schenkten mir keine Beachtung mehr.

Immer wieder wird berichtet, dass bei Attacken horrende Rechnungen ins Haus flattern, viele Gegenstände im Haus zerbrechen oder defekt sind, sehr oft auch elektrische Geräte, Türfallen, Bilderrahmen, Telefone und vor allem Telefonbeantworter.

Telefonlinien sind extrem heikel und ein guter Indikator, wenn etwas nicht stimmt. Plötzlich empfangen Sie über Tage keine Anrufe mehr (ausser dies sei der Normalzustand). Die Energien wirken so, dass der Mensch isoliert wird und verzweifelt. Das kann sich steigern bis zum Stellenverlust, zur Partnerschaft, die in Brüche geht, etc. Ist der Mensch verzweifelt (Verzweiflung entspricht der Farbe Schwarz), dann ist es ein Leichtes, ihn mit wenig Aufwand noch mehr zu bombardieren. So kann der Magier sein gewünschtes Ziel relativ schnell erreichen.

Die Seele drängt immer zur Freiheit. Dies ist das Urprinzip der Seele. Die Seele ist hier inkarniert, möchte aber hier auf Erden die grösstmögliche Freiheit. Das ist die Selbstentfaltung. Wenn die Seele verdrängt, unterdrückt wird durch Energien, so dass sie keine Ausstrahlung mehr hat, ist ihr letzter Ausweg zur Freiheit der Tod.

Es gibt verschiedene Varianten des feinstofflichen Krieges. Zuerst möchte ich den Krieg betrachten, den wir gegen uns selbst führen. Es ist mir sehr wichtig deutlich auszudrücken, dass nicht alle Attacken von aussen kommen.

Erste Pflicht des Menschen in der Selbstentfaltung ist es, seine Emotionen in den Griff zu bekommen, seine Gespaltenheit, seine Ambivalenz, seine Labilität, seine Aggressionen, darunter fallen auch Gier und Eifersucht. Sehr oft geschieht es nun, dass sich ein Mensch spirituell weiterentwickelt, um so seinen Aggressionen, seiner Eifersucht auszuweichen, da er als spiritueller Mensch nicht eifersüchtig sein darf. Das mag eine Zeitlang gut gehen, und der Mensch fühlt sich in seinem selbst fabrizierten Weiss, das er irgendwoher aus dem Kosmos gezogen hat, recht wohl in seiner Aura, in seiner feinstofflichen Haut.

Doch eines Tages drückt durch das Weiss von unten dieses Rot-Grüne, diese Eifersucht, oder dieses Schwarz, diese Angst vielleicht auch, die nicht anerkannte eigene Bösartigkeit durch. Und wie das ist, wenn wir spirituell arbeiten oder uns mit dem Kosmos, mit den Naturenergien in Verbindung setzen, aktivieren wir um uns herum die Energien der Natur, des Kosmos. Wir wecken korrespondierende Energien in unserer Umwelt. Diese Energien, Naturgeister zum Beispiel, Dämonen, wollen sich anfreunden mit den ureigenen dunklen Energien in unserer Aura. Dies kann man empfinden als Attacken, denn diese Energien wollen in uns eindringen. Meistens ist an diesen dunklen Stellen der Zugang zur Heilung sehr blockiert, weil der «Spirituelle» ja so spirituell ist, dass er immer noch nicht akzeptieren will, dass er Löcher, Negativitäten in sich hat. Diese Geist- und Naturwesen verdunkeln dann von aussen her die Aura und drücken von allen Seiten auf dieses selbstgemachte Licht und so kann es gerade so zu einem Zusammenbruch kommen, wie bei anderen Attacken. Es braucht sehr viel Grösse um zu akzeptieren, dass dies ein selbstfabrizierter Krieg ist, der durch das Verdrängen der eigenen Schwachstellen entsteht. Doch es lohnt sich, dies zu akzeptieren und dann wieder zu lernen, dieses eigene Urlicht, diese Seele erstrahlen zu lassen.

Der feinstoffliche Krieg kann als Karma-Lektion oder als Lektion der geistigen Welt stattfinden. Es kann vorkommen, dass wir von einem früheren Leben eine nicht abgeschlossene Aufgabe in dieses Leben hinüber nehmen, so dass sich Attacken aus früheren Leben wieder manifestieren können; sehr oft dann in Form von Dämonen und anderen schwarzen Gestalten. Es kann aber auch sein, dass wir in einem früheren Leben selber auf der schwarzen Seite gearbeitet haben, und dies nun am eigenen Leibe erleben müssen. In beiden Fällen gilt es, die Lektion zu lernen, sich der Vergangenheit bewusst zu werden und wie bei den anderen Attacken gegen diese Einflüsse zu kämpfen. Das heisst, einen Fuss vor den anderen setzen, von einem Tag auf den anderen zu leben, sich täglich zu reinigen (siehe Übungen im betreffenden Kapitel) und einen guten Gesprächspartner und Freund als Begleiter zuzulassen.

Lektionen der geistigen Welt sind oft auch bei medial Arbeitenden vorhanden, oft gerade dann, wenn Sie selber nicht sehen möchten, dass es eine andere, negative Seite gibt. Sie realisieren nicht, dass sie nicht auf eine saubere Art und Weise arbeiten. Es geschieht schnell, dass wir im guten Glauben unsere Kräfte (miss)brauchen, um etwas erzwingen zu wollen. Es kann sich um den erzwungenen Erfolg des anderen handeln, es können sich um Rachegedanken handeln, die in gut verpackten prognostischen Aussagen versteckt sind. Es kann passieren, dass Voraussagen mittels «Nachhelfen» zustande kommen. Auch hier gilt wieder: Ehrlichkeit bringt Rosen oder eben Freiheit.

Es gehört zur spirituellen Entfaltung, sich auch der negativen Seiten bewusst zu werden. Nachdem wir uns der negativen Seiten in uns bewusst geworden sind, geht es darum, sich der Negativität im Kosmos bewusst zu werden. Kosmos ist eine zu grosse Beschreibung, es ist mehr der Übergang zwischen Erde und Kosmos. Die Negativität innerhalb des weiten Kosmos ist eine Entwicklungsstufe, die vermutlich sehr wenige auf dieser Erde erfahren.

Der Übergang zwischen Erde und Kosmos, der Kanal des Dunkeln, des Todes, muss manchmal zu Lebzeiten passiert werden. Menschen, die eine Nahtodeserfahrung gemacht haben, kennen diesen Kanal. Diese Erfahrung kann sich wie eine Attacke auswirken. Es ist auch die Zeit der Stärkung und der Busse, die Zeit, in der wir alte Leben, Karmas, verbrennen oder abtragen, in der wir «falsche Handlungen» in diesem Leben zu korrigieren vermögen. Es ist die Zeit, in der wir Vertrauen lernen und mit diesem Vertrauen zu Gott durch die dunkle Passage gehen müssen. Der grösste, stärkste Rivale auf diesem Weg ist die eigene Negativität. Durch solche Lektionen lernen wir, dass wir Gesetzmässigkeiten unterworfen sind. Durch unser Bewusstsein der Negativität und ihrer Position in der Gesetzmässigkeit wächst unsere Stärke. Wir erkennen, dass es nur eine Allmacht gibt, und dass auch die Negativität ihr unterworfen ist.

Nur derjenige, der in der Negativität stecken bleibt, sieht die Allmacht im Menschen und lässt Fremdeinflüsse von aussen zu.

Beginnen wir mit den natürlichen, assoziierbaren Fremdeinflüssen, mit unseren Mitmenschen, unseren Partnern. Es kann passieren, dass wir energetisch einen nahestehenden Menschen nicht mehr ertragen, seine Energien uns schmerzen, schaden. Dies kann bis zur Krankheit führen. Es muss nicht immer nur alleine die Ausstrahlung des anderen sein, es können auch nur die Gedanken sein. Dies geschieht oft im Zustand des Verliebtseins, dass Sensitive den anderen spüren, die ganze Nacht nicht schlafen können oder zum Beispiel die sexuellen Fantasien des Partners auf Distanz am eigenen Körper wahrnehmen können. Solange diese sexuellen Fantasien von einem geliebten Menschen kommen, sind es wohl keine Belastungen. Doch für medial veranlagte Leute können solche Fantasien anderer, mit denen sie sonst nichts zu tun haben, unerträglich werden. Sie wirken sich nämlich aus wie Attacken.

Der nächste Punkt, den ich anschneiden möchte, ist jene Fernbehandlung/Heilung, bei welcher ohne Wissen und Einverständnis des Empfängers gearbeitet wird. Dies kann sich für den Empfänger wie eine magische, negative Attacke anfühlen. Denn er wird unfreiwillig mit Energie beschossen, die einen Zweck erfüllen sollte, welchen der Empfänger eventuell gar nicht bereit ist zu erfüllen.

Fernheilung wird aber oft auch bewusst «konsumiert», oft nach dem Motto «Nützt es nichts, so schadet es nicht». Wenn die Energien des Fernbehandlers nicht mit denen des Behandelten übereinstimmt, schadet diese «Heilung».

Ein medial Veranlagter spürt solche Energiebehandlungen mehr als ein nicht medial Veranlagter. Heilung, die nicht erwünscht wird, kann sich energetisch wie ein Energieangriff anfühlen und auswirken. Dabei spreche ich nicht von einer Fürbitte, sondern von einer manipulativen Heilung. Das Erzwingen einer Heilung kann für das «Opfer» sehr unangenehm sein.

Die Grenzen zwischen einem guten Gedanken und einem Erzwingen von Heilung ist sehr fliessend.

In dem Moment, in welchem wir unsere Heilgedanken an eine Person binden, ohne die Zusage dieser Person, erzwingen wir bereits eine Heilung. Eine Heilung kann nur stattfinden, wenn der «Kranke» es will und wenn es so auf seinem Schicksalsweg bestimmt ist. Genauso ist das Heilen durch eine Person, die dem «Opfer» energetisch nicht entspricht, gefährlich. Dieser Prozess kann sehr schmerzhaft, ja sogar tödlich sein.

Wir können also jemandem auch mit unserem gut gemeinten Willen schaden.

Sprechen wir jetzt von Manipulationen. Ich setze voraus, dass jeder Mensch einen freien Willen hat und diesen auch beibehalten möchte. Das Beeinflussen des menschlichen freien Willens ist also eine Manipulation. Manipulationen können auf die «Opfer» ganz tragische Auswirkungen haben.

Beginnen wir mit der Telepathie. Eine natürliche Telepathie zwischen zwei Menschen, die den gleichen «Draht» haben, dieselbe Feinstofflichkeit, ist schön und sehr bereichernd. Auch eine Telepathie in Form einer ausgeprägten Intuition, zum Beispiel das Wissen, wer heute anruft oder vorbeikommt, oder das Wissen, dass es jemandem nicht gut geht, ist ein wunderbares Geschenk. Wenn jedoch Telepathie angewandt wird, um den Willen eines anderen zu verändern, dann wird es manipulativ. Dies trifft beispielsweise dann zu, wenn wir mittels Telepathie versuchen, unseren Partner, der sich von uns trennen will, umzustimmen. Telepathie, welche angewandt wird, um jemandem zu schaden, zum Beispiel in Form negativer Gedanken, ist falsch. Es ist möglich, mittels diverser Techniken, wie Mentaltraining oder Fernhypnose, andere Menschen zu beeinflussen oder Hassgedanken, Neid, Verwünschungen zu übertragen. Dies kann beim Opfer von Angstzuständen über Panikgefühl bis hin zu Selbstmordgedanken führen. Jeder medial Arbeitende oder Talentierte sollte sehr vorsichtig sein mit seinen Gedanken, vor allem in einem Zustand der Wut, der für andere gefährlich werden kann. Leider kommt es sehr oft vor, dass Techniken, wie Mentaltraining oder Telepathie, falsch angewandt werden, um Erfolge zu erzwingen. Um diese Erfolge zu erreichen, werden jene zu Opfern, die im Wege stehen, weil die Grenze zur Magie durchbrochen wurde und der freie Wille des anderen nicht mehr berücksichtig wird.

Die nächste Stufe wäre die Magie oder eben auch die schwarze Magie. Telepathie und Mentaltraining sind auch Techniken, die der Magie entsprechen, genauso die Fernhypnose oder auch Heilmethoden auf dieser Basis. Jeder Magier hat seine speziellen Fähigkeiten. So ist der eine mehr spezialisiert, verlorene Sachen zu finden, der andere kann gut Heilprozesse einleiten, ein anderer wiederum kann hellsehen. Es gibt auch solche, die ganz offiziell Schaden oder Glück erzwingen. So viele Magier und Methoden wie es gibt, so viele Möglichkeiten gibt es auch, einen Menschen zu manipulieren oder hörig zu machen. Derjenige, der Heilkräfte hat, kann sie im Negativen einsetzen, der Hellsichtige kann kontrollieren und mit bösen zielgerichteten Gedanken schaden. Die Magie beinhaltet zusätzlich noch Rituale und Kraftsymbole, die Energien willentlich zu steuern. Der Weissmagier, oder eben auch der Heiler, solange er im Herzen wirklich rein ist, würde keine manipulative Technik anwenden, um jemanden zu beeinflussen. Es ist jedoch möglich, auch mittels weisser Magie Leuten zu schaden bzw. Erfolge zu erzwingen. Der weisse Magier darf nur den göttlichen Plan unterstützen, er darf aber nicht manipulieren. Leider werden diese Gesetzmässigkeiten verdrängt. Hochkonjunktur haben im Moment Liebeszusammenführungen, Rituale, Techniken, die einen gewünschten Partner zu sich holen sollen. Meistens geht es darum, den anderen zu zwingen, sich diesen bestimmten (vom Magier bestimmten) Partner zu nehmen. Genauso wie Liebeszusammenführungen angeboten werden, werden auch Beziehungen mittels Magie auseinandergebracht. Zum Schaden oder aus Selbstsucht, weil man zum Beispiel jemanden für sich besitzen will, der in einer anderen Beziehung ist. Der Unterschied zwischen Gut und Böse, zwischen Manipulation und Vorherbestimmung, zwischen freiem Willen und Zwang ist nicht immer klar. Vor allem spielt uns unser Ego ganz gern einen Streich. Massgebend ist, dass negativ angewendete Magie versucht, mittels Manipulation Macht und vor allem Allmacht auszuüben. Die Seele des Opfers beginnt sich gegen diese Machtausübung zu wehren, denn jede Seele will ihrer Berufung nachleben. Ist der Partner, der ihn so dringend ruft, falsch für ihn, wird sich die Seele mit aller Gewalt wehren, um befreit zu werden von dieser Macht. Dieses Wehren kann bis in den Freitod hineinführen, denn die Seele will immer frei sein. Findet sie keinen anderen Weg, wählt sie den Tod.

Um den Erfolg zu erzwingen, auch in der Geschäftswelt oder um dem Feind zu schaden, werden leider tagtäglich magische Praktiken angewendet. So werden zum Beispiel im Versandhandel Vodoo-Rituale angeboten, um Feinde auszuschalten, in Klammern steht «eventuell todbringend». Immer wieder gibt es Konkurrenten, die sich nicht nur mit Intrigen und Beschimpfungen zufrieden geben, sondern mittels Magie das Geschäft des Konkurrenten ruinieren lassen. Es gibt Magier, die einen Bann um dieses Geschäft legen. Der Betroffene verliert wie von Zauberhand seine Kunden, ein Auftrag nach dem anderen platzt und es läuft alles schief, was schief laufen kann. Leider wird in Management-Trainings oft falsch verstandenes esoterisches Gut gelehrt, das solche wie oben erwähnte Praktiken unterstützt.

In die feinstoffliche Welt gehören die diversen Astralschichten und die Wesen, die in diesen Astralschichten zu Hause sind. So ist es möglich, von feinstofflichen Wesen belästigt zu werden. Viele Magier arbeiten mit Dämonen, Energiewesen, welchen sie befehlen, diese oder jene Person zu belästigen. Es gibt auch Magieformen, mittels derer Verstorbene – vor allem Seelen, die keine Ruhe finden – dazu angehalten werden, Menschen ein Leid anzutun. Es gibt aber auch unruhige Wesen, die sich in einer Wohnung befinden und so Bewohnern das Leben schwer machen. Kinder sehen oft den «schwarzen Mann» (oder «Bölimaa»). Dieser schwarze Mann ist ein Dämon, der Unruhe stiftet und vor allem den Kindern Angst machen will. Dabei handelt es sich um ein Energiewesen aus der noch grobstofflichen Astralschicht – aus der dunklen Welt. Diese grobstofflichen Energien haben die Fähigkeit, sich real zu manifestieren. Das heisst: sie können einem erscheinen, als ob sie echt wären und können dafür sorgen, dass sich Gegenstände bewegen oder sie können einem gar Schmerzen zufügen. Es gibt Menschen, die sich solche Dämonen in einer schlechten Umgebung holen, sei dies in einer Drogenhöhle oder in einem anderen schlechten Haus. Da diese Wesen Aufmerksamkeit wollen, greifen sie sich meistens Kinder oder sensitive Erwachsene. Je nach Grobstofflichkeit und Bösartigkeit des Wesens können sich allerlei ungewöhnliche Dinge ereignen. Diese Wesen können sich zum Teil reell zeigen, sie können schlagen (das Opfer spürt die Schmerzen), sie können kratzen und sie können zum Teil vergewaltigen. Alles kann so intensiv sein, dass das Opfer körperliche Spuren aufweist. In den Wohnungen dieser Opfer können Gegenstände verschwinden, zerbrechen und allerlei Unerklärliches kann geschehen. Diese Wesen haben die Kraft, sich fast wie ein Mensch gebärden zu können.

Solche Angriffe wirken sich unterschiedlich aus.

Die Symptome unterscheiden sich je nach angewandter Technik. Doch können wir davon ausgehen, dass sich die ersten Symptome materiell oder psychisch auswirken. Materiell im Sinne von Krankheiten, extremer Schwäche, Kopfschmerzen und psychisch zum Beispiel in Form von Depressionen, Ängsten u.a. Die Häufung von kleineren und grösseren Unfällen ist auch ein mögliches Merkmal.

Folgend möchte ich die gängigsten Symptome aufzählen. Ich bitte jedoch den Leser, bei Übereinstimmung mit seinen Symptomen nicht zu erschrecken (oder sich in etwas hineinzusteigern). Die erwähnten Symptome sind solche, die bei Attacken immer wieder beobachtet werden. Meistens erscheinen sie in Kombination untereinander. Zum Teil sind sie stärker, zum Teil schwächer.

Allerlei Negativitätsprobleme, wie Rheuma, Gicht, Stoffwechselerkrankungen, können auftreten. Wichtig ist auch hier zu realisieren, dass nur dort Krankheiten auftreten können, wo auch effektiv Schwächen vorhanden sind. Bekannt sind allgemeine Erschöpfungszustände. In solchen Zeiten ist es sehr wichtig, der Ernährung besondere Aufmerksamkeit zu schenken und dementsprechend vitamin- und mineralienreiche, aber fettarme Kost zu sich zu nehmen. Auch wenn es schwerfällt sich zu pflegen, ist es genau in dieser Zeit besonders wichtig, denn die Negativität will, dass wir uns vernachlässigen. Dies dürfen wir nicht zulassen. Physisch und seelisch treten Phänomene der Nachlässigkeit auf. Kleider und Äusseres werden unwichtig, wir schleppen uns mühsam durch den Tag. Sehr oft wird dies alles begleitet von einer massiven Gewichtszunahme oder -abnahme. Schlafstörungen treten auf. Je nach Talent können Menschen dementsprechend auch von diesen Anfällen/Attacken träumen, haben Visionen von Wesen aus anderen Welten, welche sie schlagen oder versuchen zu töten. Auffällig ist, dass sich in der materiellen Welt diese Energieschwere widerspiegelt. Unfallgefährdung, viele Beinaheunfälle kommen gehäuft vor. Es scheint, als sei man dazu prädestiniert, betrogen zu werden, oder die Einkäufe sind Reinfälle (zum Beispiel funktioniert die neue Haushaltsmaschine nicht, die Milch ist sauer, usw.). Oder man verliert die Arbeitsstelle und wo einem sonst normalerweise Verhandlungen gelingen, stösst man plötzlich nur noch an Mauern. Im Haushalt häufen sich gerne die Reparaturen. Allerlei elektronische Geräte steigen aus, der Glühbirnenkonsum steigert sich drastisch. Wasser und Brandschäden können auch vorkommen.

Wichtig ist nun, nicht mit diesen Energiewellen mitzureiten. Wir müssen Widerstand leisten. Wenn etwas schief läuft, in Ruhe wieder von vorne anfangen und weitergehen. Die Energie will, dass wir aufgeben. Sie will, dass wir uns zerstören. In diesem Moment haben wir nur einen Feind, «uns selber». Und diesen «inneren Schweinehund» gilt es zu bekämpfen. Wenn er nämlich die Oberhand gewinnt, lassen Sie alles sausen und geraten in den Sog dieser Negativität. Wenn Sie die Oberhand beibehalten und trotz Dunkelheit und Chaos einfach weitermachen, sich lieben, sich zwingen zu essen, sich zu pflegen und zur Arbeit zu gehen, und geht etwas schief, es wieder korrigieren und einfach vorwärts gehen, ein Schritt nach dem anderen, dann findet diese Energie mit der Zeit keinen Boden mehr.

Das ist das Ziel, an dem Sie sich orientieren müssen. Tragen Sie Sorge zu sich, auch wenn Ihnen Geldmangel und Stolpersteine zu schaffen machen. Pflegen Sie sich trotz alledem und helfen Sie sich mit Energie-Hygiene, gesunder Ernährung, Homöopathie oder therapeutischer Begleitung.

Die Rückkehr ins Paradies

Das Gute hat sich immer wieder zäh durchgesetzt. Erkennen heisst den Schlüssel zum Paradies wiederzufinden, es heisst, die Spiele der Schlange und ihrer Armee zu sehen und zu verstehen, um nicht das Opfer davon zu werden. Das Leben ist Erkenntnis, um natürliche energetische Abwehrkräfte (Immunisierung) gegenüber dem Negativen zu entwickeln.

In dem Moment, in dem die Schlange keine Intrige mehr erfolgreich durchführen kann, weil der Mensch so viel Wissen und Klarheit hat, wenn keine Gier, Trägheit, Eifersucht etc. wirken können, dann ist das Paradies vor unseren Füssen. Wie wir nun mit diesem Paradies umgehen, ist nicht das Thema dieses Buches. Thema jedoch ist, kurz vor diesem Paradies zu stehen und von der Schlange verführt zu werden. Vor diesem Tor stehen wir in verschiedenen Situationen unseres Lebens; nämlich jedesmal, wenn wir etwas erkannt haben, etwas verändert haben und uns die Energien der Vergangenheit versuchen, uns zurück in alte Muster zu ziehen.

Nehmen wir zum Beispiel die Themen Alkohol, Drogen oder Nikotin. Jeder der einmal aufgehört hat zu rauchen, weiss, wie er wieder angefangen hat oder was er alles bezähmen musste, um nicht einfach nach der Zigarette oder dem Glas zu greifen. Die Energien der Sucht haben fast unhörbare, perfide Stimmen und versuchen uns mit aller Gewalt klar zu machen, dass es doch besser und einfacher ist, wenn wir das Suchtmittel geniessen. Sie verschweigen uns, dass sie (die Suchtmittel) überleben wollen und behalten uns durch ihren Schmerz, den sie uns zuführen, in der Abhängigkeit (ihrer Gewalt). Dasselbe kann eine schlechte Partnerschaft bewirken. So gehören Machtspiele, Gewalt – psychisch und physisch–, Liebesentzug, Kommunikationsverweigerung und vieles mehr zum Alltag dieser Beziehungen. Alle diese Energien wirken auf uns und versuchen die angefangene Arbeit dieser Negativität selbständig wirkend fortzusetzen. So versuchen uns beispielsweise die Energien der Misshandlungen klar zu machen, dass wir schlecht sind und dass wir im Fehler sind. Die Negativität versucht immer zu überleben, zu gewinnen. Die Schlange versucht immer das Gute zu bezirzen und zu verwirren, denn sie möchte auf keinen Fall auf den Baum der Erkenntnisse zurück. Und mit jeder Erkenntnis, die wir machen und vor allem umsetzen, nehmen wir der Schlange ihre Handlungsmöglichkeiten weg. Kampflos gibt sie sich nicht geschlagen. Ihre Spiele werden perfider und perfider.

Es gibt verschiedene Stufen des Paradieses. Das erste Paradies, das wir eingehen können, ist das Paradies mit uns selbst. Haben wir unsere Mitte gefunden, gelernt, unsere innere Ethik durchzusetzen, uns treu zu sein, wird die Schlange alles versuchen, diese Treue zu brechen. Die Verführungskünste beherrscht sie variantenreich; sei dies auf materieller Ebene (ein gutes Geschäft, das winkt und sich schlussendlich als Betrug entpuppt), sei es in einer Freundschaft, bei Unglücksfällen, die uns an der Gewalt des Schicksals und der Kraft des positiven Denkens zweifeln lassen, was immer ihr einfällt und was immer wir ihr an Wirkungsfläche noch bieten können. Gehen wir durch dieses Tor des persönlichen Paradieses, wird uns die nächste Aufgabe gestellt. Das Glück alleine haben wir gefunden, jetzt heisst es, das Glück zu zweit erarbeiten, also Partnerschaft. Adam und Eva wollen ja gemeinsam wieder die Ruhe und das Glück des Paradieses leben. Es heisst nun den Weg nochmals zu gehen mit einem Partner oder eventuell am Tor zu warten, bis der andere seine Mitte gefunden hat und so weit ist, um diese neue Ebene zu betreten. Die Lektion heisst, nicht in der Verzweiflung aufzugeben und sich wieder in die Arme der Schlange zu begeben. Wenn beide gemeinsam am Tor zum neuen Paradies stehen, was meistens in der zweiten Lebenshälfte der Fall ist, heisst es, gemeinsam die Angriffe der Schlange abzuwehren. Denn die Schlange will Adam und Eva nicht wieder im Paradies. (Wenn Adam und Eva im Paradies sind, ist für die Schlange die Rückkehr in das Land der Erkenntnisse nicht mehr gewährleistet.). Adam und Eva hatten im Paradies keine Kinder und werden auch im wieder gefundenen Paradies keine Kinder mehr haben. Die Aufgabe ist gelöst, sie haben zurückgefunden in die Ewigkeit der Liebe. Die Schlange wird also versuchen, diese Dualität, diese Ewigkeit der Liebe, diese beiden Einheiten, die gemeinsam eine dritte Einheit bilden, also eine Dreifaltigkeit, zu zerstören. Denn sie will nicht zurück auf den Baum. Die Leser, die selber Zweitbeziehungen und die grosse Liebe gefunden haben, können sicher darüber berichten, wie sich die besten Freunde zu Feinden entwickeln. Oder zum Beispiel die Kinder alles daransetzen, dass diese Beziehung nicht zustande kommt. Eifersucht und Egospiele aus der Gesellschaft oder nette Ex-Frauen und -Männer, die mit Gewalt versuchen, diese neue Beziehung zu stören, sind der Stoff von allerlei Romanen und der Regenbogenpresse. Leider liefert das tägliche Leben diesen Stoff. Umsomehr heisst es, gemeinsam Stabilität zu beweisen und gemeinsam den Mut zu haben, in das Paradies einzukehren. Das mag den Verlust von alten Freunden nach sich ziehen. Aber: im Paradies erwarten einen neue Freunde und Freuden.

Tempelreinigung – Energie-Hygiene

Lukas 19.45 – 48
Dann ging er in den Tempel und begann, die Händler hinauszutreiben. Er sagte zu ihnen: «In der Schrift steht: Mein Haus soll ein Haus des Gebetes sein. Ihr aber habt daraus eine Räuberhöhle gemacht.»

Er lehrte täglich im Tempel. Die Hohepriester, die Schriftgelehrten und die übrigen Führer des Volkes aber suchten ihn umzubringen. Sie wussten jedoch nicht, wie sie es machen sollten, denn das ganze Volk hing an ihm und hörte ihn gern.

Unser Körper ist unser Tempel, das Haus unserer Seele. Gehen wir ehrenhaft und liebevoll mit unserem Haus um, pflegen wir es, dann wird es ein Haus des Gebetes. Denn die Seele kann sich dort wohl fühlen und entfalten. Gehen wir unsanft und zerstörerisch mit unserem Haus um, lassen Schmutz und Gift herumliegen, wird unser Haus zur Räuberhöhle. Dieser Schmutz kann aus Gedanken, Energien oder zum Beispiel aus Ablagerungen von Drogen bestehen. Reinigen wir unseren Tempel täglich, das heisst, reinigen wir unsere Aura täglich, dann leben wir in einem reinen und einem angenehmen hygienischen Haus. Parasiten in diesem Haus werden sich immer gegen ihre Vertreibung wehren. Aber dadurch, dass die Hygiene stimmt, können sie sich nicht ausbreiten und nicht vermehren. Mit dem Zuhause unserer Seele ermöglichen wir es, die Liebe auf diesem Planeten zu materialisieren. Dadurch, dass unsere Seele sich wohl fühlt in ihrem Zuhause, kann sie strahlen und Licht über andere bringen. Je mehr Seelen strahlen, je mehr Seelenlichter auf diesem Planeten wandeln, desto stärker kann sich die Liebe durchsetzen, kann Harmonie und Friede einkehren. Die Liebe ist die Kraft der

Wahrhaftigkeit, und wo Ordnung ist, kann auch Wahrhaftigkeit sein. Sich von schlechten Umgebungen fernzuhalten, sich davon abzugrenzen, verstärkt die Immunkraft, da das Energiesystem nicht immer wieder von unangenehmen Energien geschwächt wird. Positive, klare Gedanken erhellen die Aura und helfen der Seele, sich zu weiten, da sie nicht von Zweifeln und Ängsten zurückgedrängt wird. Zielgerichtete, klare, positive Vorstellungsbilder helfen, über den feinstofflichen Weg Ziele zu erreichen und Unterstützung für unsere Ziele über die Aura anzuziehen.

Die Atmung ist Leben, über den Atem leben wir, regenerieren wir. Über den Atem ziehen wir Licht in unseren Körper. Der Atem unterstützt alle unsere wichtigen Lebensfunktionen, sowohl körperlicher wie auch seelischer Art.

Jede Veränderung, jede Reinigung, jedes Loslassen braucht Energie. Es ist wichtig, dass wir uns die Zeit nehmen, um uns zu erholen. Gutes Essen und Freude helfen dabei. Energieveränderungen sind wie Operationen. Narben brauchen Zeit zum Verheilen. Die Heilzeit beträgt je nach Mensch, Situation und Erfahrung mit diesen Energieveränderungen von 2 bis 3 Tagen bis zu 2 bis 3 Monaten. Veränderungen werden normalerweise auf der materiellen Ebene erst nach ca. 6 Monaten wahrgenommen. Es ist normal, wenn wir uns nach einer grossen Erkenntnis für ein paar Wochen wie gerädert fühlen. Zur Regeneration gehört aber auch, dass wir unsere Erkenntnisse umsetzen. Wenn wir also erkannt haben, dass uns etwas schadet, sollten wir dies auch nicht mehr fördern, sondern zusehen, dass unser Gleichgewicht nicht mehr gestört wird. Wenn wir Verhaltensmuster erkannt haben, sollten diese auch materiell verändert werden. Sonst kann keine Harmonie entstehen. Harmonie ist nicht ein sich Abkapseln, sondern im neuen Ich nach aussen zu treten und eigenes falsches Verhalten aufzulösen. Das kann auch heissen, dass wir uns von gewissen Personen trennen müssen.

Ist unser inneres Gleichgewicht durcheinander, was in einer Entwicklungszeit normal ist, ist es wichtig, dass wir uns Ruhe gönnen und uns auch abgrenzen, denn in solchen Zeiten sind wir sehr anfällig auf allerlei Energien, die wir durch unsere Veränderung ausstrahlen und somit anziehen. Diese Erholungszeit wird sehr unterstützt durch Energieübungen, die unsere Kräfte stärken.

Stellen Sie sich vor, Sie seien ein Energiehuhn und alle Ihre Küken seien unter Ihren Fittichen. So funktioniert nämlich unsere Aura. Alle Menschen, die mit uns karmisch verbunden sind, unsere Kinder, unsere Haustiere usw., sind in Energieform in unserer Aura. Wie wenn in unserer Aura nochmals alles lebte, können wir dort unsere Kinder, unsere Freunde und Partner aber auch Feinde sehen. Wenn sich das Huhn nun putzt, putzt es auch all seine Küken. Wenn wir uns reinigen, reinigen wir unser Energieumfeld, also auch unsere Familie.

Das energetische Umfeld ist unser energetisches Spiegelbild und reflektiert unsere Gedanken, unsere Vergangenheit, unsere Seele, unsere Gesundheit, unsere Umwelt, einfach alles, was mit unserem jetzigen wie auch früheren Leben zusammenhängt. Es ist auch unser Potential. Dieses energetische Umfeld besteht aus verschiedenen Farben. Diese Farben wiederum sind Energien, Prinzipien, die wir als Farbe sehen. Dadurch, dass diese Farben, diese Energien ganz speziell unserem Muster angepasst sind, wirken diese Farben als magnetisches Feld. Dieses magnetische Feld zieht korrespondierende, gleichwertige Energien aus dem direkten Leben, aber auch aus dem Kosmos an. Ist nun dieses energetische Umfeld verschmutzt, ziehen wir natürlich dementsprechend Schattierungen und Farben an, die unserer Aura ähnlich sind. Um reine Energien anziehen zu können, muss unser energetisches Umfeld rein sein. Dieses energetische Umfeld halten wir rein durch sogenannte Energie-Hygiene.

Energie-Hygiene basiert auf verschiedenen Ebenen, nämlich auf der seelischen, auf der psychischen, der physischen und materiellen Verhaltensebene. Das regelmässige Reinigen bewirkt, dass die Seele zu ihrem Recht kommt. Die Verarbeitung des täglichen Lebens, der Vergangenheit, der Emotionen unterstützt die Ausweitung der Seele. Gelingt es, das eigene übermässige Ego zu zügeln, ist die Unterscheidung von «Wesentlichem» und «Unwesentlichem» erst möglich. Die konstante Reinigung des energetischen Umfeldes ermöglicht es, Energieblockaden zu lösen, Fremdenergien aus dem eigenen Umfeld zu entfernen.

Reinigung ist in der christlichen, jüdischen und islamischen Religion der Schlüssel zu höherem Wissen. Denn solange unser Umfeld nicht frei ist von negativen Einflüssen, werden sich die Tore zum reinen Wissen nicht öffnen. Nur durch unsere Reinheit ziehen wir reines Wissen an.

Dies heisst nun nicht, dass wir uns vom Leben fernhalten müssen. Jedoch heisst es, dass wir uns unserer Umwelt um so mehr bewusst werden müssen, um zu sehen, wo was geschieht und wie, wann und wo wir uns abgrenzen müssen.

Ein stetiger Prozess wird in Gang gesetzt; und mit jeder Meisterung eröffnet sich für uns neues Wissen. Dieses eröffnet sich uns schrittweise, entsprechend der Lektion, in der wir uns in unserer Entfaltung befinden. Wir können jedoch den Naturgesetzen nicht ausweichen. Es nützt uns also nichts zu versuchen, alles Wissen über den Kosmos und Gott in Erfahrung zu bringen, wenn wir nicht einmal uns selbst kennen. Denn das Wissen über uns, über unsere Emotionen und unverarbeiteten Situationen ist gleichzeitig das Wissen über unsere negativen Energien, die noch unverarbeitet sind. Dementsprechend halten sie uns vom höheren, reinen Wissen fern.

Selbstentfaltung entspricht gewissen Gesetzmässigkeiten, die wiederum den Naturgesetzen entsprechen.

Zuerst geht es darum, den materiellen Bereich, das tägliche Leben, die Gesundheit zu meistern, um darauf das Ego in die Waagschale zu legen. Nur so kann ein Gleichgewicht hergestellt werden zwischen Wunsch und Gedanke. Mit Disziplin wie auch mit Güte und Ausgeglichenheit kann dieses Ziel erreicht werden. Durch die Klarheit der Wünsche und Gedanken bildet sich die Persona, das Individuum. Durch dieses Bewusstwerden kann nun auf die innere Stimme gehört werden und so die spirituelle Selbstentfaltung auf ihren Kurs gebracht werden.

Die Lebensgesetze – die geistigen Gesetze

- Wir haben die Verantwortung für unser Tun.
  Nur wir können für unsere Taten gerade stehen. Einen Rat zu befolgen, der uns nicht geheuer ist, könnte uns in eine Situation bringen, der wir nicht gewachsen sind. Der Ratgeber hat nur die Verantwortung für sein Tun, wir aber für unseres.
- Was wir ausstrahlen, ziehen wir an.
  Wenn wir uns freundlich geben und unserer Umwelt freundlich begegnen, ernten wir auch freundliche Blicke.
- Was wir aussähen, ernten wir.
  Wenn wir mit Bösartigkeit jemandem einen Stein in den Weg legen, müssen wir nicht erstaunt sein, wenn wir selbst darüber stolpern. Dasselbe wirkt auch im umgekehrten Sinn. Wenn wir Gutes tun, zeigt sich auch das Gute bei uns.
- Wir sind hier, um zu lernen und uns zu vervollkommen.
  Die Aufgabe auf diesem Planet heisst lernen und harmonischer werden. So wie wir die Verantwortung für uns tragen, so sind unsere Lektionen (was eigentlich bereits zur Verantwortung gehört). Unsere Mit- und Gegenspieler sind Teil des Ganzen und unterstützen unsere Lernprozesse.
- Bedingungslose Liebe ist unser grösster Schutz und unsere Führung.
  Lassen wir unsere Seele sich in unserem Körper wohl fühlen, so lassen wir Gottes bedingungslose Liebe in uns leben. Dadurch ziehen wir von aussen auch wieder Gottes Liebe an und haben dementsprechend unsere spirituelle Führung und unseren Schutz.

- Das, was wir von unserer Umwelt erwarten, müssen wir ihr geben.
  Auf dem hohen Ross zu sitzen und zu befehlen, entspricht nicht diesem Lebensgesetz. Erwarte ich Liebe, muss ich auch Liebe geben. Pflege ich meine Kinder, können sie Achtung mir gegenüber empfinden und mir Pflege und Liebe zurückgeben. Gehe ich unsorgsam und bösartig mit jemandem um, muss ich erwarten, dass er dementsprechend mit mir umgeht.
- Gebe zurück, was du bekommen hast.
  Nehme ich Gemüse aus meinem Garten, gibt mir die Erde Mineralien und Kräfte durch das Gemüse, also muss ich meinem Garten Dünger und Liebe zurückgeben, damit er sich regenerieren und die Saat wieder gedeihen kann. Dasselbe geschieht mit einem Menschen. Gewährt er mir Achtung, gebe ich sie ihm zurück.
- Das Gute kann ohne das Böse nicht erkannt werden.
  Das Leben ist wie ein Spiegel. Ich erkenne über die Schattenseiten, was nicht stimmt. Somit ist das Negative für mich Lehrmeister und Lektion.
- Das Gute ist weich und allumfassend und kann das Böse besänftigen.
  Wenn ich verstehe, dass die Negativität hart ist und die positive Seite weich, dann verstehe ich auch, dass die Härte sich im Weichen verliert. So kann eine Revolverkugel durch Watte gestoppt werden.
- Das Gute ist liebevoll und geduldig und würde niemals die Schöpfung zerstören.
  Die Schöpfung wurde durch Gott geschaffen und er wird sie nie zerstören. Er wird auch nie den Menschen, der ein Teil dieser Schöpfung ist, zerstören. Er hat den Menschen mit freiem Willen begabt und sieht zu, wie sich der

Mensch durch seine Entscheidungen in seinem Leben bewegt.

- Jede Schattenseite hat Gutes und Schlechtes, jede Sonnenseite hat Gutes und Schlechtes.
  Manchmal sind unsere Fehler auch unser Talent. So ist zum Beispiel bei sensitiven Menschen ihre ausserordentliche Wahrnehmungsfähigkeit ein Talent, ein Geschenk. Aber sehr oft ist es für sie fast wie eine Krankheit, bis sie damit umgehen können. Und doch können sie durch diese spezielle Fähigkeit so viel Gutes tun. Die Sonne fördert Leben, aber wenn sie zu heiss brennt, kann sie auch verbrennen.
- Was du gelernt hast, lasse los, um das Nächste zu lernen.
  Das Wissen ist nie vollkommen. Um weiterlernen zu können, ist es wichtig, das bereits Gelernte als Fundament zu behalten, sich aber nicht daran festzuklammern und sich für neues Wissen zu öffnen.
- Widersprüche formen die Wahrheit. Widersprüche lösen die Strukturen auf. (Strukturen sind Zwänge, sind Grenzen, Abgrenzungen, Massstäbe und entsprechen der Energieform der Negativität.)
  Durch Widersprüche lernen wir. So können wir die Schattenseiten erkennen und nur durch das Loslassen, gemäss dem obengenannten Gesetz, können wir diese Widersprüchlichkeiten erkennen und somit festgefahrene Strukturen und Vorstellungen auflösen.
- Karma ist die Lektion, um diese Verhaltensmuster loszulassen.
  Über das Karma kommen wir an diese Widersprüche heran, an unsere eigenen Sturheiten und müssen lernen, dass nicht alles über den Kopf oder nur über das Herz zu lösen ist, sondern eben mit Herz, Kopf und Hand. Da das Herz oft «widersprüchlich» zum Kopf reagiert, ist das unsere Lektion.

- Der Geist ist beweglich, wissbegierig und voll Freude, der Körper ist träge und schwer. Der Körper jedoch ist unser Werkzeug auf diesem Planeten, und der Geist muss lernen, den Körper einzusetzen, der Körper muss den Geist zulassen.
  Wenn wir dieses Prinzip begreifen, können wir sowohl unserem Körper wie unserer Seele die nötige Zuwendung geben und in Harmonie als Körper und Geist handeln.
- Jedes Lebewesen gehört zur Schöpfung und ist einzigartig. Jedes Geschöpf hat seine eigene Bestimmung.
  Dies sollte wegweisend sein in unserer Urteilsfindung. Denn jedes Lebewesen hat eine Bestimmung, sei dies die Maus, die der Katze als Futter und Spielzeug dient, oder sei dies der Lehrer, der die Schüler unterrichtet. Wir müssen lernen, jedes Lebewesen in seiner Bestimmung zu erkennen und es gemäss dieser zu akzeptieren. Das bedeutet nicht, dass wir es in unser Privatleben einbeziehen müssen. Aber wir müssen realisieren, dass alles seine Funktion hat, und dass wir ohne den anderen nicht leben können, denn dadurch, dass die Einzigartigkeit der Wesen und deren Funktionen gewährleistet sind, ergibt sich ein Energiezusammenfluss und alles formt sich zu einem grossen Organismus.
- Alles wiederholt sich.
  Jede Struktur, jeder Gedanke wiederholt sich auf einer anderen Ebene. So erkennen wir Strukturen eines Blattes wieder in Strukturen eines primitiven Dorfes. Alles, was wir erleben, erleben wir ein zweites oder drittes Mal in einer anderen, verfeinerten Form. Damit wir lernen können, damit wir zeigen können, was wir gelernt haben. So wiederholen sich auch Situationen, damit wir vorwärtskommen. Unfälle, die sich immer wieder alle paar Jahre fast zum glei-

chen Zeitpunkt wiederholen, sind ein Beispiel dafür. Sie haben die Funktion, uns wachzurütteln. Das Wiederholungsgesetz zeigt sich aber auch in unseren Taten. So lange wir Tierversuche an lebendigen Tieren durchführen, müssen wir damit rechnen, dass ähnliches mit uns geschieht. Wenn wir unser Leben moralisch-ethisch gestalten, strahlt diese Energie nach oben und nach unten. So können Pflanzen- und Tierwelt in unserer Umgebung ein artgerechtes Dasein haben und von oben ziehen wir eine positive geistige Energie an.

Der Umgang mit energetischen Fremdeinflüssen

Die Aura ist ein Spiegelbild innerer Vorgänge. Wie wir gesehen haben, ist die Aura auch ein Energie-Schutzschild und nimmt in der äusseren Schicht zum Teil die Energie der Umwelt auf. Wenn diese Energien zu lange auf der oberen Schicht liegen bleiben, drücken sie sich langsam ins Innere der Aura und sind bestrebt, sich mit den im inneren Teil befindlichen Energien der inneren Schichten zu verbinden. Bei angenehmen Energien ist dies sehr wohltuend, ganz im Gegenteil zu den unangenehmen Energien, wie beispielsweise bei Aggression und Bösartigkeit. Dringen diese Energien in uns ein, kann dies in uns einen Stress erzeugen, der nicht vom inneren Zustand her kommt, sondern von aussen provoziert wird.

Unter anderem kann die Aura auch von negativen Gedanken anderer (zum Beispiel durch Feindschaft, Hass, Magie etc.) eine solche Verschmutzung erfahren.

Die Reinigung (Läuterung) findet auf verschiedenen Stufen statt: auf der materiellen (körperlichen, wie auch im Verhalten), auf der emotionalen/psychischen und auf der energetischen Stufe (Aura/Ausstrahlung).

Es nützt nichts, sich nur auf der Energiestufe zu reinigen und zu trainieren, wenn im täglichen Leben nichts verändert wird. Das wäre wie ein Fass ohne Boden oder als ob ein Mörder zur gleichen Zeit als Pfarrer seines Amtes waltet und «Gotteswort» predigen würde.

Im Reinigungsprozess spielen unsere Erkenntnisse eine zentrale Rolle. Nur durch die Erkenntnis ist es uns möglich, gemäss den Lebensgesetzen zu leben. Die eigene Negativität wahrzunehmen ist der Anfang von Energie-Hygiene. Dies kann im Rahmen einer Psychotherapie stattfinden oder in eigener Regie. Beides bedarf der Ehrlichkeit und Klarheit unserem Verhalten, unseren Fehlern, unseren Fehlgedanken und Verblendungen gegenüber.

Sind wir mit unserem Leben unzufrieden, sollten wir versuchen, die Ursache dieser Unzufriedenheit zu finden und unser Leben, unser Verhalten zu verändern, denn unsere Unzufriedenheit ist ein Ungleichgewicht, welches Negativität anzieht.

Reinigende Energie-Hygiene-Übungen unterstützen den ganzen Energiehaushalt und befreien die Aura vor Energieschmutz, Fremdeinflüssen und starren Verhaltensmustern. Solange alte Verhaltensmuster in Energieform noch in unserer Aura vorhanden sind, beeinflussen sie unser Verhalten. Denn die alte Energie will weiter wirken und zieht, weil sie erst am Rande der Aura ist, einerseits noch die alten Lektionsenergien von aussen an und andererseits versucht sie, uns im alten Muster weiter handeln zu lassen.

Bei starken Belästigungen und vor allem, wenn Sie mediale Praktiken anwenden, ist das Allererste und absolut Wichtigste, dass Sie jegliche mediale Praktiken unterbrechen – also kein Channeling, keine Tonbandstimmen, kein Gläserrücken, keine Jenseitskontakte, keine Karten, kein Pendeln etc. Wenn Sie mit diesen Energien arbeiten, laden Sie sie direkt ein, noch mehr Unfug zu treiben. Vor allem sollten Sie sich klar werden, dass falsche Energien angezogen werden. Dieser Zustand muss geändert werden. Deshalb ist es, bildlich gesprochen, das Beste, den Laden zu schliessen, alles zu reinigen und dann mit neuer Dekoration wieder zu eröffnen.

Wenn Sie Stimmen hören, ist es sehr wichtig, dass Sie diese Stimmen unterscheiden. Sind es Ihre eigenen Angststimmen oder gutgemeinte ihrer Helfer oder Stimmen von Dämonen? Dämonen und schlechte Ratgeber versuchen zu verwirren. Sie erzählen allerlei Unsinn; manchmal die Wahrheit, manchmal eine Lüge und sie versuchen, Sie zu unüberlegten Handlungen anzustiften (zum Beispiel zum Fenster hinauszuspringen). Diese Stimmen müssen Sie ignorieren. Sie wollen Sie nur verwirren und abhängig machen. Je lächerlicher Sie sich der Umwelt gegenüber benehmen, desto einsamer werden Sie und um so mehr Macht haben diese dunklen Gestalten. Im Unterschied dazu befehlen die geistigen Helfer nicht, sie geben Ihnen höchstens einen Rat und versuchen wegweisend zu dienen, ohne Versprechungen und Zwänge.

Wenn Sie gläubig sind, können Sie als zusätzliche Hilfsmittel in der katholischen Kirche geweihte Kerzen und Weihwasser beziehen. Viele Klöster und Kirche beten auf Anfrage für Sie, was Ihre Läuterung unterstützt. Dies gilt für andere Religionen auch, denn alle Religionen haben ihre speziellen Gebete und Rituale, um das Böse fernzuhalten. (Aber auch als Andersgläubiger stehen Ihnen geweihte Kerzen und Weihwasser zur Verfügung. Sie sind da, um zu helfen und das Gute zu fördern, nicht um zu urteilen.)

Räuchern Sie Ihre Wohnung regelmässig aus, vor allem mit Salbei und Lorbeer. Öffnen Sie die Fenster während des Räucherns, damit die dunklen Energien auch hinaus können. Zum Schutz lassen Sie eine geweihte Kerze brennen (Vorsicht – Kerze nicht unbewacht lassen). Nach dem Räuchern spritzen Sie zum Schutz Weihwasser. Ein paar Spritzer in jede Ecke des Zimmers und in die Mitte genügen. Oft ist es hilfreich, um das Bett eine Art Schutzkreis mit Weihwasser zu ziehen.

Und wieder: Sie müssen klären, wo die eigenen Negativitäten sind. – Viele Betroffene sind stolz darauf, dass ihnen etwas Besonderes passiert, weil sie dann eben speziell sind. Das bedeutet aber nicht, dass diese Menschen nicht unter ihrer Besessenheit und diesen Belästigungen leiden. Diese Egotrips loszulassen ist sehr schwierig, aber unbedingt wichtig, sonst findet der Dämon immer wieder einen Zugang. Psychotherapeutische Hilfe sollten Sie unbedingt in Erwägung ziehen.

Ich weiss, dass mein Rat, psychotherapeutische Hilfe beizuziehen, Unbehagen auslösen kann. Doch die Phänomene, die Sie erleben, basieren immer auf der eigenen Negativität. Sie reagieren auf unser psychisches Fundament. Deshalb empfehle ich Ihnen eine Therapie. So können Sie den nötigen Rückhalt finden, um Ihre Ängste, Ihre Kindheitserlebnisse, Ihre zwischenmenschlichen Probleme anzusehen und zu akzeptieren. Ihre aussersinnlichen Wahrnehmungen können Sie in diesem Moment für sich behalten, obwohl es Therapeuten gibt, die inzwischen das Phänomen der Medialität anerkennen und Sie nicht von Anfang an als schizophren diagnostizieren.

Aus tiefem Herzen einen «Gebetsmarathon» zu beten (z.B. die ganze Nacht hindurch), hat schon vielen geholfen. Beim Beten sollten Sie jedoch darauf achten, welche Gebete Sie anwenden. In esoterischen Kreisen sind leider sehr viele schwarzmagische Gebete im Umlauf. Mein Rat: Beten Sie den Privatexorzismus aus der katholischen Kirche oder lesen Sie Psalmen. Natürlich können Sie auch das Vaterunser beten. Jedoch ist der Privatexorzismus genau für die Probleme der Negativität zuständig und ruft von Anfang an die richtigen Hilfsenergien auf. Wichtig ist, dass die Ansprache für die Hilfe richtig formuliert wird: so z.B. «Herrgott» oder «im Namen des Vaters, des Sohnes und des heiligen Geistes» oder «dreifaltiger Gott», da sich die Negativität selber gerne mit Gott bezeichnet. Diese Gebete halblaut oder laut vorzulesen, verstärkt die Wirkung, denn durch den Klang der Stimme bildet sich mehr gute Energie und so baut sich der Schutz schneller auf.

Die Negativität ist gewalttätig, besitzergreifend und zwingt Sie gerne, auch ihr Gegenüber so zu behandeln. Der spirituelle Weg ist jedoch Liebe. Lieben Sie sich genug, so kann die Negativität nicht eindringen. Die Negativität wird versuchen, dass Sie sich mit Schuldgefühlen, schlechtem Selbstwert, sogar mit körperlicher Selbstgewalt quälen. Je mehr Negativität sie gegen sich selber produzieren, desto empfänglicher werden Sie dafür. Sie werden zu einem gefundenen Fressen für die Negativität. Auch wenn Sie mit Gewalt, zum Beispiel mit Schlägen, gegen die Dämonen vorgehen, produzieren Sie Negativität. Das beabsichtigen diese Wesen. Sie können so einen Halt an Ihnen finden.

Energiereinigende Übungen unterstützen Sie bei diesem Befreiungsprozess. So gibt es im Joga sehr gute reinigende Atemübungen. Etwas Sport zu treiben, schadet auch nicht, denn Atem bedeutet Leben und Reinigung. Weiter hinten finden Sie diverse Reinigungsübungen.

Sie sollten jedoch die Finger von jeglichen magischen Ritualen lassen, denn sie haben die Tendenz, noch mehr Dämonen anzuziehen. Einerseits werden in der Magie Naturwesen aufgerufen, um zu helfen oder zu schaden und andererseits ist es absolut gefährlich, als Unwissender mit solchen Praktiken zu experimentieren. Mit all der Negativität um Sie herum, werden Sie automatisch Negatives anziehen und Ihr Zustand verschlimmert sich zusehends. Auch wissen Sie nicht, welchen Preis Sie für dieses Ritual bezahlen müssen. Denn auch in der Magie gilt, dass wir das zurückgeben müssen, was wir erhalten haben. In der schwarzen Magie könnte dies Ihre Seele sein.

Um solche «Besessenheit und Belästigungen» zu vermeiden, sollten Sie auf folgende kleine Richtlinien achten:

- Schützen Sie sich vor jeder Meditation oder Heilung zum Beispiel mit einem Gebet und einer Reinigungsübung.
- Seien Sie sich bewusst, dass auch Sie klein anfangen müssen. Versuchen Sie nicht, alles sofort können zu wollen.
- Es ist wichtig, dass Sie sich im inneren Gleichgewicht befinden.
- Magischen oder mentalen Techniken sowie Gurus, die sehr viel versprechen, sollten Sie sich nur mit grösster Vorsicht nähern.
- Beachten Sie, dass mediale Fähigkeiten von Natur aus gegeben sind und dass sie natürlich wieder zum Vorschein kommen. Das Erwecken- oder Erzwingenwollen von solchen brachliegenden Fähigkeiten ist sehr gefährlich.
- Reinigen Sie sich täglich.
- Machen Sie sich mit den Lebensgesetzen bekannt und leben Sie danach.
- Seien Sie sich Ihrer inneren und äusseren Negativität bewusst.
- Und vergessen Sie nicht: Überheblichkeit hat auf dem spirituellen Weg keinen Platz.

Unsere Psyche hindert uns oft in unserem medialen Fortschritt . Dadurch, dass wir Erlebnisse in der Vergangenheit nicht richtig oder gar nicht verarbeitet haben, besteht eine Energieballung im psychischen Energiebereich. Diese Ballung muss gelöst oder eben gereinigt werden. Lösen oder reinigen bringt die Vergangenheit ins rechte Licht. Es gibt natürlich verschiedene Techniken in diesem Bereich; von der Psychotherapie bis zur Meditation. Wichtig ist es, sich bewusst zu sein, dass dadurch viel im emotionalen Bereich gelöst wird. Jede Arbeit am Selbst löst Emotionen und Energien und schüttelt uns durch. «Wie gehen wir damit um?», ist hier die Frage.

Deshalb ist es wichtig, Träume ernst zu nehmen und zu versuchen, sie zu analysieren. Es gibt gute Traumbücher, die Ihnen dabei helfen. Am besten ist es, wenn Sie sich auf ein Buch beschränken, denn so viele Bücher es gibt, so viele Interpretationen gibt es. Am besten ist es, Ihre Träume im Rahmen einer Therapie zu analysieren. Es lohnt sich, die Träume sofort aufzuschreiben. Oft genügt es, dem Traum nachzusinnen und sich an seine Bilder zu erinnern, um den Traum zu verstehen.

Um den Prozess zu fördern und vor allem, um das Erkannte umsetzen zu können, ist es empfehlenswert, über das zu sprechen, was Sie bewegt. Keine Angst vor Gefühlen! Ein Gefühl ist eine Tatsache wie jede andere, sie entspricht einfach einer anderen Realität, der Realität der Gefühlswelt. Diese Gefühlswelt verbirgt aber viel Intelligenz und Wissen. Auch sogenannt Unwichtiges ist wichtig. Lernen Sie über Unwichtiges zu sprechen, denn es könnte wesentlich sein. Diese Einladung bedeutet nicht, dass Sie Ihrer ganzen Umwelt die Ohren volljammern sollen. Es ist von Vorteil, diese Gespräche mit einer Vertrauensperson zu führen.

Werden Sie sich Ihrer Ängste bewusst. Erkennen Sie, wie sie funktionieren und wann und wo sie auftauchen. Wenn Sie sich auf Ihre Ängste einlassen, machen Sie sich nicht mehr zum Opfer Ihrer Angst. Mit Ängsten konfrontieren Sie sich, indem Sie sich ihrer bewusst werden. Weiten Sie dann langsam Ihr Spielfeld aus, indem Sie immer wieder versuchen, die Grenzen zu überschreiten. Sprechen Sie über Ihre Ängste, holen Sie eventuell Hilfe. Werden Sie sich bewusst, dass Angst ein natürliches Sicherheits-Aggregat im Menschen ist, das als Warnung, aber auch als «Stop/Anhalten/Überlegen»-Signal wirkt. Durch gewisse Erlebnisse kann es vorkommen, dass dieses natürliche Sicherheitsaggregat übermässig reagiert. Dann heisst es, die Vergangenheit aufzuräumen, das Emotionale unter anderem auch mit Logik wieder ins Lot zu bringen, Verantwortung für Ihre eigenen Handlungen zu übernehmen und nicht mehr Opfer Ihrer Angst zu sein. Jeder ist der Urheber seiner eigenen Situation. Wenn wir uns in eine Situation begeben, die uns schadet, weil wir sie nicht richtig einzuschätzen vermögen, fällt das in unseren Verantwortungsbereich und nicht in denjenigen der anderen Beteiligten. Genauso sind wir verantwortlich für unsere Vergangenheit wie auch für unsere eigene Zukunft. Ehrlich zu sich selber sein ist der Schlüssel. Es fängt damit an, dass wir uns selber Unsicherheiten zugestehen. Aber auch, dass wir jenes tun, was für uns innerlich richtig ist und nicht, weil es die Gesellschaft oder der beste Freund so vorschreibt.

«Was will ich wirklich?» «Was mag ich wirklich?» «Wo sind meine Schwachstellen, meine Ängste?» Dies sind die Fragen, die wir uns stellen sollten. Dieser Prozess wird dadurch unterstützt, dass wir ehrlich nach aussen sind und klar ja oder nein sagen können.

Das Bewusstsein, dass alles zwei Seiten hat, hilft uns weiterzukommen.

Eine Meditation, ein Darüber-Nachdenken, dass überall dort, wo ein Plus ist, sich auch ein Minus verbirgt, kann zu viel Selbsterkenntnis führen. Hier ein paar Denkanstösse: Grosszügigkeit – Opfer / Klarheit – Verworrenheit / Harmonie – negative Gedanken / Frieden – Unterdrückung / Freude – Trauer, Wut / Genuss – Schmerz / Vertrauen – Unsicherheit / Unschuld – Schuld / Mut – Angst / Liebe – Hass / Heiterkeit – Übermut / Freundschaft – Feindschaft / Geben – Nehmen / Selbstachtung – Selbstverachtung / Stärke – Schwäche.

Ein Weg, solche emotionalen Abläufe bei sich selber zu klären, ist Schreiben. Wir schreiben auf, was wir denken, fühlen und wollen, und versuchen daraufhin, die negativen Gedanken umzupolen. Fragen und Gegenfragen zu unseren Sätzen aufschreiben, um die Gegenfragen mit der Antwort ehrlich zu analysieren. Schreiben von solchen Gedankengängen materialisiert unser Chaos im Kopf. Durch das Schriftbild können wir die Energieform der Gedanken in einem Bild sehen, und somit sind uns diese Gedanken nicht mehr verborgen. Wir können sie mittels Logik dann verarbeiten. Dies ist zwar ein einfache Möglichkeit, Probleme zu analysieren – doch besser als nichts. Jeder, der Tagebuch geführt hat, weiss, welch ein guter Freund und Ratgeber dieses Buch war.

ES
ES TREIBT MICH ZUR VERZWEIFLUNG
ES
DAS UNMÖGLICHE
ES
DAS UNPASSENDE
ES
DAS VERSAGENDE
ES
DAS IDEALE
ES
DAS GELIEBTE
ES
DAS UNNAHBARE
ES
MEIN
GESTRAUCHELTES
VERZWEIFELTES
SELBSTBEWUSSTSEIN.

(E. G. L., 1990)

Der Mensch ist glücklicherweise nicht perfekt und hat viel Arbeit vor sich und viele Möglichkeiten, an sich zu arbeiten. Im Folgenden habe ich Ihnen eine 10-Punkte-Liste aufgestellt, wie Sie mit solche Blockaden umgehen können.

1. Ich entschliesse mich, dass ich sie lösen will!
2. Ich setze mein Ziel fest, stelle mir mein Ziel vor! Ich weiss, wohin ich will.
3. Ich beginne meine Blockaden zu erkennen! Ich verdränge sie nicht, sondern akzeptiere sie!
4. Ich stärke meinen Körper/Geist, damit ich Energien aufbauen kann (Reinigungsübungen, Meditation, Atmung, Ehrlichkeit ...).
5. Ich setze mich mit meinen Blockaden geduldig und liebevoll auseinander. Ich drücke sie aus, akzeptiere sie, suche nach ihren Ursprüngen. Wenn es mir zuviel wird, hole ich Hilfe.
6. Ich plane meine Lösung, meinen Heilungsweg.
7. Ich lobe mich für jeden erreichten Schritt, auch wenn es nur ein Millimeter-Schritt ist. Ich bin liebevoll und geduldig zu mir, wenn ich einen Rückschlag erleide.
8. Ich lerne loszulassen.
   Ich finde heraus, welchen Profit mir meine Blockaden bringen und was ich eventuell zu verlieren habe, wenn sie nicht mehr da sind.
9. Ich übernehme die Verantwortung für mein Leben, für meine Seele. Ich höre auf mich und vertraue mir selber.
10. Ich arbeite regelmässig an mir, an meinem Selbstbewusstsein, an meinem Menschsein, an meinem Ich bzw. an meinem Du und an meinem Wir.

«Ich bin zur rechten Zeit am richtigen Ort.»

Wenn Sie sich vorstellen, dass Ihr Leben Lektion ist, dann können Sie davon ausgehen, dass das, was jetzt gerade geschieht, die aktuelle Lektion für Sie ist. Also genau das, was Sie zu erlernen oder zu erleben haben, um weiterzukommen. Deshalb sind Sie immer zur rechten Zeit am richtigen Ort.

«Der Weg ist das Ziel.»

Mit jedem Schritt, den Sie gehen, kommen Sie Ihrem Ziel näher, wie weit Ihr Ziel auch ist, ob es sichtbar oder unsichtbar ist. Solange Sie gehen, sind Sie auf einem Weg, der Sie irgend wohin führt. Dass Ihnen das Ziel im Augenblick nicht bekannt ist, macht nichts, denn Sie sind auf dem Weg, jeder Schritt ist schon ein Teilziel. Jeder Stein auf diesem Weg ist ein Bestandteil dieses Weges. Also nehmen Sie ihn liebevoll an. Bevor Sie es sich versehen, werden Sie erkennen, welche Strecke Sie gegangen sind und wieviele Leistungen Sie erbracht haben auf diesem Weg.

Die Geistige Welt und ihre Funktionen

Mediale und Sensitive haben Zugang zu dieser geistigen Welt und einige können sie auch in Bildern wahrnehmen. Jeder Mensch ist auch ein Teil dieser geistigen Welt. Geist ist gleich Energie, Geist ist gleich Gedanke. Jeder von uns produziert Energie, produziert Gedanken, die wiederum Energien sind. Und somit konstruieren wir mit unseren Gedanken Bilder oder gar lebendige Energiewesen. Solche konstruierten Energiewesen können zu lebendigen Elementen werden, die auch Elementarwesen genannt werden. Emotionen zum Beispiel können wir dazuzählen. Auch Fantasie- und Wahnvorstellungen gewisser Menschen transformieren sich in Energieform zu wahren Gestalten. Die simpelsten Energiepartikel, die Photonen, können sich zusammenschliessen und so Energiestrukturen bilden, die eine Form, eine Gestalt annehmen können. Mediale Menschen sind in der Lage, diese Formen zu sehen oder zu spüren. Jeder Mensch hinterlässt durch sein Dasein Photonen, zum Beispiel auch in seiner Wohnung. Er hinterlässt eine Art Schatten in Energieform, einen Schatten seiner Geschichte oder seiner Emotionen. Diese Energiepartikel, die sich so zusammengeschlossen haben und kein anderes Zuhause kennen, leben in diesen Wohnungen weiter. Dies wird in der esoterischen Sprache unter anderem mit dem Begriff der Astral-Ebene erklärt. Damit ist gemeint, dass es verschiedene Energieebenen gibt, und zwar von grobstofflichen bis zu feinstofflichen Ebenen.

Die Aura, unser Energiekörper, umfliesst unseren Leib (Körper). Diese Aura besteht aus verschiedenen Schichten. Sie ist unterteilt in gröbere und feinere Energie. Ausserhalb der Aura wirkt dasselbe Prinzip weiter. So gibt es gröbere und feinere Energieebenen. Diese Energieschichten sind dementsprechend in ihren Farben und ihrer Dichte dunkler oder kompakter. (Die katholische Kirche bezeichnet diese Schichten mit den verschiedenen Himmeln.) In jeder Schicht wohnen diverse Energiewesen. So sind Plaggeister in den dunklen, dichten Schichten zu finden wie auch viele Verstorbene, die keine Ruhe finden. Diese niedrigen Schichten sind sehr real, und können für Spukerscheinungen sorgen, da sie den materiellen Energien sehr nahe sind. Diese tiefen Schichten werden oft bei okkulten Handlungen, wie Gläserrücken, aufgerufen. Sie sind kontaktfreudig und vor allem possesiv. Einmal in Kontakt mit ihnen, bringen wir sie – als ungeschulter Mensch – oft fast nicht mehr los. Sie sorgen dann für Spuk und Unglück.

Die Astralschichten verfeinern sich wie auch ihre Bewohner. Je nachdem, in welcher Energie wir uns selber bewegen, ziehen wir feinere oder gröbere astrale Ebenen an. Wir lernen mit den Wesen dieser Ebenen. Die Bewohner dieser Ebenen können sich mit uns verfeinern und in höhere Ebenen wechseln. Genauso wie auch wir uns entwickeln können.

Verstorbene bleiben normalerweise kurze Zeit erdgebunden; auch wenn sie im Licht waren oder sind. Die Zeit vom Tod bis zur Beerdigung ist für sie wie für uns eine Abschiedszeit. Weil die Verstorbenen noch sehr stark erdgebunden sind, sich noch in den niedrigen Astralebenen befinden, ist es ihnen auch möglich, Zeichen zu geben, z. B. Bilderrahmen hinunter fallen zu lassen, Uhren zum Stoppen zu bringen, zu klopfen und zu läuten. Für uns «geistert» es dann. Es gibt Verstorbene, die keine Ruhe finden und versuchen Aufmerksamkeit zu bekommen. Es kann zu Phänomenen kommen, die Ausdruck von nicht verarbeiteten Traumen des Verstorbenen sind. Bei Mord z. B. kann es zu Spukphänomenen am Ort des Geschehens kommen, die Sequenz des

Mordes wiederholt sich täglich zur Todeszeit. Diese Geister müssen nicht böse sein. Sie sind unruhig und nicht frei von ihrer Geschichte und suchen nach Erlösung.

Es gibt auch bösartige, besitzergreifende Geister, die vom Jenseits aus noch Macht und Gewalt ausüben wollen. Sehr erdgebundene Seelen, Personen, die ihr eigenes Erdenleben nicht sauber abschliessen konnten – sei dies durch «Schuldgefühle», Tod durch Gewalt, Nichtverzeihen-können, Rachegedanken, oder seien es Tote, die von den Zurückgebliebenen nicht losgelassen werden – bleiben über längere Zeit in diesen niedrigen Schichten.

Die Geistwesen sind Energiewesen, die zur Energiewelt gehören und dort leben und existieren. Sie haben keine materielle Form. Ihr Wesen erscheint uns aber in klaren Bildern, als seien sie Geschöpfe unserer Welt. Geistwesen sind zum Beispiel die Feen, Naturwesen, Zwerge und Nymphen. Sie sind die Engel der Natur. Sie kümmern sich um die Pflanzen, das Wasser, die Tiere. Sie können uns zum Teil auch behilflich sein, jedoch ist es wichtig, dass wir ihnen auch helfen. So können diese Wesen mit uns kommunizieren und uns mitteilen, wie wir eine Pflanze zu setzen und zu behandeln haben, damit die Ernte ertragreich wird. Wiederum liegt es an uns, dafür besorgt zu sein, dass die Natur das bekommt, was ihr hilft.

Es gibt unter den Naturwesen auch Dämonen. Dies sind dunkle Energien, die selber keine eigene Form haben. Sie sind jedoch, je nach Hierarchie, sehr lebendig und geschickt. Da sie selber Parasiten sind, suchen sie sich gerne Plätze, wo sie genug Energienahrung finden. Sie bevorzugen dunkle Plätze. Sie werden der Negativität zugeordnet und können bei Menschen, die sich zum Beispiel mit den Satanskulten befassen, als Schutzdämon fungieren. Diese Wesen können äusserst bösartig und gewalttätig sein, da sie in den unteren, sehr dunklen Astralebenen zu Hause sind.

Die Funktion der geistigen Führung, des Lehrens, übernehmen Geistführer, Berater und Lehrer. Diese hohen Energiewesen haben sich für diese Aufgabe im Verlauf ihrer zahlreichen Erdenleben ausbilden müssen, sei dies über all ihre Karmas, die sie auf diesem und anderen Planeten hatten oder in den geistigen Universitäten (Plätze in der geistigen Welt, wo alles Wissen zu finden ist). Es gibt Führer und Lehrer aus verschiedenen Schichten und Ausbildungsniveaus. Lehrer werden den irdischen Schülern je nach Reifegrad und gegenseitiger Sympathie zugeteilt.

Engel sind Himmelswesen und entsprechen den geistigen Energien. Sie sind Boten des Geistigen und einerseits unsere göttlichen Führer, andererseits unsere «Telefonverbindung» zu Gott. Sie umkreisen uns wie eine Armee und schützen uns vor dem Abgrund. Der Schutzengel versucht, unser Herz und unsere Gedanken mit Wissen und Weisheit zu füllen, damit wir im göttlichen Sinn unseren Weg gehen können. Engel sind die Hüter der Seele.

Erzengel sind Prinzipienhüter.

So steht der Erzengel *Raphael* für das Prinzip des Heilens.

Der Erzengel *Sandalphon* steht für die Selbstentfaltung, für das persönliche Wachstum. Sandalphon ist der Gärtner der Seele.

Der Erzengel *Gabriel* ist Schutzherr der Familien und der Verkünder von Gottes Wort. Er hilft der Seele vom Jenseits ins Diesseits, in die Inkarnation.

Der Erzengel *Uriel* bedeutet Licht und hat die Aufgabe, den Menschen im Dunkeln zu leuchten, damit er seinen Weg findet.

Er zeigt mit seinem Licht aber auch Schlechtes und Falsches auf, um unser Gewissen zu befragen.

Der Erzengel *Michael* ist der Vertreter Gottes und höchster Kämpfer des Lichtes. Er bekämpft das Böse und verbreitet die Liebe.

Der Erzengel *Kamael* verkörpert Gottes Stabilität und Gerechtigkeit. Er ist Hüter der Schwelle und warnt uns vor Fehltritten.

Der Erzengel *Zadkiel* steht für das Prinzip der göttlichen Güte und Barmherzigkeit. Er überprüft jede Tat auf ihre Tugendhaftigkeit.

Der Erzengel *Zafkiel* ist der Hüter des göttlichen Gesetzes und des Karmas. Er führt Buch über unsere Schritte und durch ihn werden unsere neuen Lektionen bestimmt.

Der Erzengel *Raziel* ist das Prinzip der Offenbarung und Weisheit.

Der Erzengel *Metatron* hütet das göttliche Ebenbild des Menschen, also seine Seele.

Jeder Erzengel hat seine Engel, die unter seiner Führung für ihn und für uns arbeiten. So haben wir neben unserem persönlichen Schutzengel auch Schutzengel aus allen geistigen Sphären.

Geistiges Wahrnehmen

Alles in den Astralebenen ist Energie. Materie ist geballte Energie. Energie können wir fühlen, zum Beispiel als kalt und warm. Es gibt Menschen, welche Energien hellsichtig wahrnehmen können. Zum Beispiel mit geschlossenen Augen in Form von Farben. Es gibt Menschen, die die Energien hören oder riechen können. Alles Nichtfassbare, auch unsere Gedanken, sind Energie. Diese Energie ist in der Welt der Hellfühligen lebendig. Es gibt intelligentere und weniger intelligente Energien. Ein Engel oder Geistführer ist intelligente Energie, die sich mit uns unterhalten kann und in lebendiger Form bei uns in Erscheinung tritt. Es gibt Energien, die keine Wesensform haben und solche, wie Dämonen, die jede beliebige Form annehmen können.

Der Umgang mit der eigenen Medialität ist nicht sehr einfach, vor allem weil die meisten Medialen in ihrer Kindheit nicht ernst genommen wurden und als Phantasten abgestempelt wurden. Andere Mediale haben durch ihre Fähigkeiten Schockerlebnisse gehabt und dadurch Blockaden zu ihrer Hellsichtigkeit entwickelt. Es geht jetzt darum, diese Wahrnehmungen wieder zu akzeptieren und als normal anzusehen, denn sie sind eine Erweiterung des Bewusstseins. Wichtig ist, dass die medialen Fähigkeiten als Alarmanlage funktionieren. Deshalb sollten wir nicht Angst vor ihnen haben, sondern ihre Funktion als diese akzeptieren – wir werden gewarnt – vor was auch immer! Sehr oft wissen wir nicht wovor. Die Warnung verschafft uns jedoch die nötige Zeit, uns zu erden und wachsam zu sein. Es braucht Zeit, bis diese verschütteten Fähigkeiten wieder funktionieren. Das heisst, dass wir viele «Fehlalarme» haben, bis wir mit unserer

«Alarmanlage» zurecht kommen. Ein Grund dafür liegt darin, dass unsere Wahrnehmung immer mit unseren Gefühlen gekoppelt ist. Sind wir sehr angstgetrieben, dann reagieren wir bei jeder ungewohnten Wahrnehmung unverhältnismässig, obwohl diese positiv sein könnte. Umgekehrt passiert den Medialen oft, dass sie in ungewohnten Situationen ihre Ängste und Probleme in Bilderform gegen sich richten. Das heisst, ihre Angst vor der neuen Situation lässt die äussere Alarmanlage schlagen, um so die gewollte Handlung zu blockieren. Dies ist ein grosses Problem und kann am besten mit Energie-Hygiene, parallel dazu mit psychotherapeutischer Hilfe angegangen werden. Die inneren Angstbilder können nach aussen projiziert werden und dann von aussen her wie eine Warnung wirken. Es ist oft kaum unterscheidbar, ob es sich um Visionen handelt oder um Ängste. Für den Betroffenen ist das ein sehr schwieriger Zustand und er braucht Hilfe, um diese Verwirrungen aufzulösen.

Wir haben innere wie auch äussere Bilder, mit denen wir lernen müssen zurechtzukommen. Innere Bilder entstehen aus Erinnerung, Ängsten oder der persönlichen Symbolsprache.

Äussere Bilder sind Wahrnehmungen der äusseren Welten. Es können sich aber auch Fremd-Gedanken und -Energien als Bilder manifestieren, ebenso Erscheinungen von Wesen aller Art. Visionen von zukünftigem oder vergangenem Geschehen sind auch äussere Bilder. Es ist auch möglich, in Wort, Bild oder in einer Symbolsprache Botschaften aus anderen Ebenen wahrzunehmen.

Es gibt verschiedene Ausprägungen von Medialität. So können gewisse Menschen «hell» riechen, schmecken, sehen, tasten, hören, wissen oder komplexe Gedanken betreffend unserer geistigen Existenz erkennen. Es gibt Menschen mit mehreren ausgeprägten Fähigkeiten, andere mit der einen oder anderen, was allerdings schon genügen kann, um ein Gefühls-Chaos hervorzurufen.

Unter den Sensitiven gibt es normale Menschen, Heiler, Hellseher, Philosophen, Magier usw. Sensitive Menschen sind der Sprache der Seele am nächsten. Sehr oft werden sie deshalb nicht verstanden. Die Sprache der Seele sollte nicht mit der Sprache der Psyche verwechselt werden. Die Sprache der Psyche ist jedoch der Sprache der Seele ähnlich und so gesehen ein Teil davon. Die Psyche beinhaltet Gefühle, Trieb, Emotionen. Die Seele hortet die Lebensaufgaben, die Gesetzmässigkeiten und das Wissen aus Urzeiten. Die Seelensprache ist die Energieform, die uns einen anderen Menschen aus dem Karma erkennen lässt und uns zu ihm oder ihr hingezogen oder abgestossen fühlen lässt.

Die Seele will in diesem Körper schlicht und einfach leben dürfen und ihre Aufgabe erfüllen. Ist dies nun nicht möglich, z.B. durch zwanghaftes Verhalten, oder durch Normen, oder durch Mutlosigkeit, wehrt sich die Seele. Dies meistens mit einem selbststartenden Zerstörungsprozess (Krankheiten, Sucht etc.). Weil die Seele der Ewigkeit angehört, ist es für sie einfacher, den Weg zurück ins Ewige zu nehmen, um nach kurzer Zeit wieder zu inkarnieren in einem «hoffentlich» beweglicheren Körper. Leider vergisst sie dabei, dass ein solcher Schritt nur ein Hinausschieben der karmischen Aufgaben bedeutet, die im neuen Leben gelöst werden müssen. Das heisst, dass das Thema des Todes im neuen Leben eventuell auch ohne Depression bedrohliche Formen annehmen kann.

Die Seele kennt keine Zeit und keine Schranken. Dies ist oft das Problem von sensitiven Kindern, die alles verstehen und wissen, wie es funktioniert, es aber körperlich nicht anwenden können. Warten ist nicht die starke Seite der Seele, was aber nicht bedeutet, dass sie ungeduldig ist. Da sie ja die Hüterin der Lebensgesetze ist, kennt sie auch den richtigen Zeitpunkt. Sie wird ungeduldig, wenn der materielle Teil ihr das Handeln verwehrt.

Oft machen wir den Fehler, dass wir glauben, dass alle, die mediale Stärken haben, auch Seelenmenschen sind. Mediale Fähigkeiten haben nur insofern etwas mit Spiritualität zu tun, als sie den Kontakt mit den feinstofflichen Ebenen ermöglichen. Nicht jeder, der mediale Fähigkeiten hat, ist ein spiritueller Mensch. Es gibt viele Parapsychologen, die sich in einer Gabe geschult haben, jedoch diese nicht im Rahmen der spirituellen Lebensgesetze anwenden. Spiritualität leben heisst seine Seelenaufgabe leben.

Spiritualität ist auch gleichzusetzen mit Liebe. Der Weg der Spiritualität ist es, Liebe auf diesem Planeten zu verbreiten. Dies geschieht in verschiedenen Formen. Sei es als Lehrer und Eltern, die ihre Kinder in ihrem Selbstwert fördern, oder als Direktor, der für menschliche Arbeitsbedingungen in seiner Firma sorgt; der Alltag bietet unzählige Gelegenheiten. Gelebte Spiritualität ist es, dem Unbewussten seine Augen für seine Lebensziele zu öffnen. Machtgehabe hat hier nichts zu suchen.

Auf dieser geistigen Ebene dürfen wir vorhersagende Visionen und Wünsche nicht vergessen. Doch was sind nun Voraussehungen und was sind die eigenen Wünsche? Es wird davon ausgegangen, dass wir uns eigentlich nur wünschen können, was in unseren eigenen Möglichkeiten liegt. Doch ist es sehr wichtig, Wesentliches von Unwesentlichem, Tragbares von Untragbarem zu unterscheiden. Zum Beispiel: Ist der Lamborghini wesentlich und wichtig für mein Leben? Kann ich ihn überhaupt zahlen und unterhalten?

Dasselbe gilt bei Visionen: Sind sie möglich oder entsprechen sie der Symbolsprache der Psyche oder Seele? Beruhen diese Voraussehungen etwa auf einer Egovorstellung. Z.B. kann der Wunsch zu Heilen die Vision hervorrufen, dass Todkranke durch unsere Hilfe gesund werden. Dies ist jedoch nicht möglich, denn der Kranke kann nur seine Gesundheit in Harmonie mit der Schöpfung steuern. Der Heiler ist nur ein Vermittler.

Visionen von Wünschen zu unterscheiden braucht viel therapeutische Arbeit am Selbst. So ist es auch empfehlenswert, diese Visionen aufzuschreiben und später mit der Realität zu vergleichen. Nur so lernt man die Sprache seines Innern kennen.

Durch regelmässige Reinigung und regelmässiges Ordnungschaffen klären sich auch die Grenzen zwischen Wunschdenken und Ahnung. Auch werden die Schranken zwischen Manipulation und höherem Willen klargestellt. Dabei ist es wichtig, dass die Energiereinigung bis auf die materielle Ebene reicht. Das heisst, dass alles Gelernte in unserem Leben seinen Platz findet, dass wir danach leben. Es nützt uns nichts, uns zu reinigen und zu beten, wenn wir gleichzeitig anderen Wesen oder uns schaden. Auf der spirituellen Ebene zu reinigen heisst, mit höchster Verantwortung seine Schritte zu tun und sich seiner Situation und Aufgabe bewusst zu sein. Das Ego muss als animalischer Überlebensmechanismus (Abgrenzung) bestehen bleiben, der Wille aber soll dem kosmischen Lebenspfad und den kosmischen Gesetzen angepasst werden.

Das heisst mit so viel Liebe sich selber zu begegnen, dass wir unseren Körper, unsere Energien pflegen und reinigen, weil wir ein Teil der Schöpfung sind, und weil wir dadurch der Schöpfung erhalten bleiben, um unsere Arbeit zu tun.

Geistiges Heilen ist ein Heilen und ein Reinigen, das über den Geist, das heisst über den Astralkörper geht. Normalerweise ist geistiges Heilen das Heilen der Seele mittels geistiger Energie, übertragen durch ein Medium, einen Heiler. Magnetopathie z.B. ist nicht geistiges Heilen. Magnetopathie ist ein Energieaustausch auf der körperlichen Ebene. Es ist möglich, damit über den Körper auf die Psyche und die Seele zu wirken und so die Seele zu heilen bzw. zu reinigen. Beim geistigen Heilen wirkt jedoch die geistige Energie (das heisst die Energie Gottes) über den Heiler, der lediglich ein Medium ist, über die Aura auf die Seele und von der Seele auf Psyche und Körper. Beim geistigen Heilen ist es absolut wichtig, dass das Medium ohne persönliche Wünsche und Gedanken heilt. Denn dies wäre dann schon wieder ein Schritt ins magische Heilen. Geistiges Heilen kommt ohne Symbole und Willenskraft aus. Der Heiler reinigt und öffnet sich fürs Göttliche und arbeitet dann als Werkzeug, als Übermittler. So kann Heilenergie, Kraft, Erkenntnis durch ihn auf den Suchenden fliessen. Der Rest der Arbeit geschieht beim Suchenden automatisch. Er vollzieht den Heilprozess, indem er die Energie annimmt und mit deren Hilfe lernt sein Leben zu verändern. Eine Heilbehandlung kann beim Suchenden einen mehrmonatigen Prozess auslösen.

Geistheilung kann nicht materiell gelernt werden. Man wird als Geistheiler oder Lichtträger geboren. Wir können lernen, unsere Kanäle sauber zu halten und unsere Aufgabe und Berufung wahrzunehmen. So wie wir in jedem Beruf lernen, unsere Werkzeuge und Hilfsmittel zu pflegen und zu säubern, können wir mittels Energie-Hygiene unsere Kanäle, unsere Aura und unseren Körper sauber halten.

Fallgruben

Der Weg durch all diese Energieschichten, durch unsere eigenen Energien und durch die Schichten der geistigen Welt hat seine Tücken. Wenn wir uns an die Lebensgesetze erinnern, können wir auf das Gesetz der Wiederholung zurückgreifen und somit auch verstehen, dass all das, was sich hier auf dem Planeten Erde zeigt, sich auch auf einer anderen Ebene wiederholt. Somit ist auch in der geistigen Welt, in der Welt der Energie, Gutes, weniger Gutes, Böses, Strukturiertes, Unstrukturiertes vorhanden.

Es ist wichtig zu begreifen, dass wir Menschen, alle, gewisse Fähigkeiten geerbt haben. Ich spreche hier nicht von aussergewöhnlichen Fähigkeiten, sondern zum Beispiel von der «simplen» Fähigkeit des Denkens, des Verstehens. Zusätzlich haben wir auch die Fähigkeit des Glaubens und Hoffens mitbekommen. Sehr schnell kann unser Verstand aussetzen und unser Glauben und Hoffen wird irreal bis hin zum Irrglauben. Wir verlieren uns in Lebenslügen und vergessen darob die einfachen Grundregeln des Lebens oder auch unserer religiösen Überzeugung. Ist unser Selbstwert auf wankendem Boden, und können wir mit unserem Verstand nicht mehr sehen, dass wir eine konkrete Aufgabe auf dieser Welt zu bewältigen haben, so verlieren wir die Motivation. Unsere Vorstellungskraft und unsere Fantasie verdunkeln sich und somit auch unsere Ziele. Bleierne Trägheit verdüstert unser Leben, und wir haben das Gefühl eines stetigen Fallens. Unser Wille, der eine Seelenkraft ist, muss in einer solchen Situation bewusst aktiviert werden, damit wir uns aus dem sich anbahnenden Teufelskreis befreien können. Doch wie schnell vergessen wir in unserer Verblendung, dass der Wille seine guten Seiten hat und verstecken uns hinter fatalistischen, falsch verstandenen esoterischen Überzeugungen; dass alles nach der Bestimmung Gottes geschehe oder dass dies eben zum Karma gehöre. Im gleichen Moment zürnen wir aber Gott und dem Schicksal, weil sein Wille sich nicht mit unseren momentanen Vorstellungen deckt.

Der Mensch hat einen freien Willen bekommen, den er für sich einsetzen darf. Er darf mit diesem Willen «Fehler» machen, er kann entscheiden, welchen Weg er geht. Er kann sich vom Göttlichen abwenden, er kann sich ihm zuwenden. Damit ist die Freiheit, sein Leben zu gestalten, in seine Hand gelegt. Gottes Wille kann nur durch den freien Willen wirken. Wenn wir unseren freien Willen mit dem Willen unseres Schöpfers in Einklang bringen, dann handeln wir gewollt im göttlichen Sinn. Um Fallgruben des eigenen Ichs zu vermeiden, ist es wichtig, uns auf dem esoterischen Weg eine klare und vernünftige religiöse Basis zu schaffen. Ich glaube, die Indianer beschreiben dies bestens mit der Aussage, dass der grosse Geist die Schöpfung geschaffen hat und die Schöpfung pflegt. In der christlichen Glaubensrichtung ist damit Gott gemeint. Sind wir uns dessen bewusst, und sind wir uns bewusst, dass die Negativität zerstört, dann können uns diese belästigenden, dämonischen Stimmen auch nicht in den Selbstmord zwingen. Denn immer wieder berichten Hellsichtige, dass sie Stimme hören (Dämonenstimmen), die ihnen weismachen wollen, dass sie, sollten sie sich zum Beispiel aus dem Fenster stürzen, die grosse Erleuchtung erlangen können. Eben in solchen Situationen ist es wichtig, einen gesunden Menschenverstand zu haben und einen gesunden philosophischen Hintergrund, der die Trugbilder als solche entlarvt. Nur so wissen wir, dass nicht die Schöpfung uns in den Tod treibt, sondern die Zerstörung. Die Abhängigkeit eines Menschen von einem Guru oder von einer «Stimme» – dies sei hier ausdrücklich betont – ist nicht der spirituelle Weg. Spiritualität setzt Freiheit voraus, die Freiheit des Willens. Spiritualität will gesunde, vernünftige, selbstbewusste Menschen. Die Negativität will hörige Marionetten.

Auf dem Weg der geistigen Energien ist es immer wieder wichtig, sich selber zu überprüfen, um zu sehen, ob wir nicht die Grenzen unserer Mitmenschen missachten, ob wir nicht ihren freien Willen brechen oder verändern wollen. Nicht immer ist das, was für uns gut ist, auch für den anderen gut. Es ist sehr schwierig, auf einen Partner zu warten und zu sehen wie er/sie Umwege geht. Doch eben diese Umwege sind Ausdruck des freien Willens. Er entscheidet über die Art und Weise der Lektion. Nur indem jeder seine eigenen Schritte geht, die Verantwortung für seine Handlungen, für seine Stürze übernimmt, ist ein Lernprozess möglich.

Der Zuschauer ist ein Zuschauer und darf nicht zum Täter werden. Stellen Sie sich vor, Sie tragen Sandalen. Ihr Ratgeber schlägt Ihnen aber einen Bergweg vor, und zwar einen steilen, unwegsamen und schneebedeckten Bergpfad. Wie nun wollen Sie mit Ihren Sandalen diesen Weg gehen? Sie müssen den Weg nehmen, der zu Ihnen, zu Ihren Schuhen passt. Sie haben die Verantwortung für Ihr Leben. Es wäre unverantwortlich, diese Bergtour mit Sandalen zu machen. Sie können aber die vorgeschlagene Bergtour als Symbol nehmen und diesen Vorschlag Ihren Bedürfnissen und Möglichkeiten anpassen.

In der Konfrontation mit äusseren negativen Situationen meldet sich oft unsere eigene Negativität. Das Geheimnis ist jedoch, dass wir uns von unserer eigenen Negativität nicht überraschen und einnehmen lassen. Deshalb ist es wichtig, sich abzugrenzen und sich immer wieder im Klaren zu sein, was äussere und was innere Negativität ist. Dass äussere Negativität zu einer Reaktion führt, ist normal und logisch. Unlogisch und sehr ungesund ist es, wenn wir diese äussere Negativität in uns behalten und uns damit schaden; sei es mit Selbstvorwürfen oder mit Magenschmerzen. Damit dies nicht eintritt, können Sie sich mental eine Käseglocke um sich herum vorstellen. Wenn Sie in Ihrer Vorstellung unter der Glocke sind, analysieren Sie kurz die Situation. Erkennen Sie dann z.B., dass Ihre Wut angebracht ist, leben Sie in Gedanken Ihre Gefühle, Ihre Wut, alle Ihre negativen Fantasien aus, damit Sie sich davon befreien und wieder atmen können. Auch wenn Sie ein lieber Mensch sind, dürfen Ihre menschlichen Regungen nicht zu kurz kommen. Dass Sie sich bis jetzt zurückgehalten haben, weil Sie eben lieb sind und niemandem Unrecht tun oder schaden wollen, funktioniert nur, weil Sie alles in sich hineinfressen. Wenn Sie jetzt aber diese Käseglocke wegnehmen, die gefüllt ist mit all Ihren Emotionen und Ihrem Seelenunrat, und diese dem Kosmos übergeben mit der Bitte, dass diese negativen Gedanken entsorgt werden, schaden Sie niemandem, auch nicht sich selbst. Somit verweben Sie den Groll nicht in Ihre Aura, denn mit Groll, Angst, Wut, etc. ziehen Sie die Negativität an und geben ihr ein Feld, sich auszubreiten. Eben weil wir nicht immer über allem stehen, können Sie sich mit dem Käseglocken-Verfahren sehr gut im Gleichgewicht halten. Auf diesem Weg ist es ratsam, einen Begleiter zu haben, der uns, sollten wir im Wirrwarr unserer Gefühle und unseres Denkens ertrinken, wieder ins Lot bringt. Dieser Begleiter kann ein Therapeut oder einfach ein guter Freund sein, der uns einfach sagt: «He, jetzt übertreibst Du», oder «Komm wieder runter auf den Boden».

Auf der Suche nach Lösungen, am Rande der Verzweiflung, suchen wir Rat, suchen oft auch nach prognostischer Hilfe. Doch der freie Wille herrscht über allem und Prognosen sind in dem Sinne nicht stellbar. Lernen Sie Ihre Lektion zu akzeptieren, gehen Sie einen Schritt nach dem anderen, versuchen Sie Mensch und Geist zu sein und realisieren Sie, dass die schnellste Hilfe auf dem Weg erreicht wird, auf dem Sie gehen, nämlich dem Weg der kleinen Schritte.

Eine unserer grössten Fallgruben ist wohl die Gier. Sei es das Bestreben, gut sein zu wollen, sei es Erfolg haben zu wollen, reich zu werden etc. Sehr gerne lassen wir uns durch unsere Begierden auf Abwege leiten. So lassen wir uns gerne von Angeboten verführen, wie zum Beispiel «So werden Sie in 30 Tagen Millionär» oder «Sie werden ein Spitzen-Medium/Heiler». Oft lassen wir uns auf diese Angebote ein, weil wir unserer Gier nachgeben und glauben, andere hätten ein Geheimnis, welches uns schneller zu Reichtum und Glück führen könne. Es regiert uns die Gier, schneller alles zu können, alles zu besitzen. Es kann sich aber auch um Neugierde handeln oder um eine Gier nach Aufmerksamkeit. Überprüfen Sie sich dort immer wieder. Gierig sein heisst den Verstand nicht zu gebrauchen, heisst Verblendung.

Eine mangelnde philosophische Basis kann sehr schnell dazu führen, dass Mediale Opfer ihrer Visionen werden. Oft werden durch mangelnde Ausbildungen diese Visionen falsch intepretiert, so zum Beispiel werden Bilder vom Weltuntergang unkritisch geglaubt, und es wird nicht in Betracht gezogen, dass es sich um Symbolbilder, zum Beispiel eines Karmaabschlusses, handeln könnte. Aber es kann auch sein, dass in dieser Verblendung der Versuch stattfindet, Visionen umzusetzen, die auf einem Planeten wie der Erde nicht möglich oder verfrüht sind. Es gibt Visionen, die ganz und gar nur dem geistigen Prinzip entsprechen und als Symbole auf unsere Welt gebracht werden. Da diese Symbole geistige Prinzipien sind, können sie nicht auf dieselbe Art wie die Bilder gelebt werden. Zum Beispiel die Vision, dass Menschen nur ihren mentalen Fähigkeiten vertrauen und dass in diesem Sinn keine körperliche Arbeit mehr notwendig ist.

Der Planet Erde ist Materie. Damit haben wir uns abzufinden und uns dementsprechend zu verhalten. Denn hier müssen wir die Gesetzmässigkeiten der Materie kennenlernen und mit ihnen leben. Geistiges Arbeiten, die Vorstellungskraft, kann unsere Arbeit auf diesem Planeten unterstützen.

Oft sind Neulinge auf dieser medialen Ebene Opfer ihrer eigenen Wünschen und Visionen. Die von mir oben erwähnte mangelnde Ausbildung betrifft vor allem all jene, die nicht von Kind an ihre Fähigkeiten gelebt haben. Denn Menschen werden als Mediale /Sensitive geboren und werden schon als Kinder von der Geistigen Welt durch Astralreisen und Telepathie geschult und in die Gesetzmässigkeiten unserer Welt und der geistigen Welt eingeführt. So lernen sie auch die Symbolsprache und wissen, dass der Tod zum Leben gehört. Medialen, die durch sogenannte Mediumtrainigs ihre Ausbildungen genossen haben, fehlt meistens das ganze praktisch gelernte geistige Wissen. Zwar sind sie oft sehr gute Techniker, aber die ganze Persönlichkeitsschulung mit der Geisteswelt fehlt ihnen, was zu einem sehr grossen Handicap werden kann.

In Harmonie und Liebe leben

Das Streben nach Harmonie und Liebe erfordert einen Schulungsweg, der uns unser ganzes Leben begleitet. Einmal erlangen wir eine Harmonie, um sie kurz darauf wieder zu verlieren, um danach sogleich wieder nach Harmonie zu streben. (Einmal finden wir die Harmonie mit uns selber, einmal mit unserer Umwelt, manchmal lässt sich die eigene nicht mit derjenigen der anderen kombinieren. So lernen und wachsen wir.)

Der Schlüssel zur Harmonie ist wohl die Liebe. Die Liebe zu seinem eigenen Leben und das zu unserer Umwelt. Liebe zu leben ist nicht einfach. Sie beginnt mit der Abgrenzung. «Ich liebe mich, deshalb gebe ich mir genug Schlaf und Essen, damit ich Kraft habe, meine Aufgabe den anderen gegenüber wahrzunehmen.» «Ich ehre meine Umwelt, Mensch, Tier, Pflanze und gehe damit sorgsam um.» Dies bedeutet, dass wir auch sorgsam mit uns umgehen müssen. Dadurch, dass wir abgegrenzt sind, verschaffen wir uns auch eine bessere Übersicht und erkennen die Spiele des anderen besser. Wir erkennen auch, ob wir den anderen in seinem Spiel unterstützen und ob wir ihm damit überhaupt helfen. Sehr oft hat der andere erst die Chance zur Heilung, wenn wir uns selber genügend lieben und nicht im Spiel des anderen weiterhin Opfer spielen. Harmonie finden heisst sehr oft «nein» zu sagen.

In diesem Buch haben Sie vieles gelesen, es sind nur Facetten eines Ganzen. Wenn Sie im Kleinen beginnen, wahrhaftig zu leben und zum Beispiel versuchen, eines oder zwei der Lebensgesetze umzusetzen, werden sie spüren, dass Sie mit der Zeit mehr und mehr geistigen Boden unter die Füsse bekommen. Das Leben mit all seinen Lektionen und Turbulenzen beginnt wieder Spass und Freude zu machen.

Energie – Hygiene: Übungen und Tips

Energieübungen, die die Aura reinigen, helfen Ihnen, sich von Fremdenergien zu befreien und verhelfen Ihnen auch zu neuen, stärkeren eigenen Energien. Basis jedoch zu all diesen Energieübungen ist Ihre eigene Disziplin. Die Übungen nützen Ihnen nichts, wenn Sie sie nicht praktizieren. Egal wie schlecht es Ihnen geht, Sie müssen sich an Ihre Verpflichtungen halten und morgens aus dem Bett steigen. Denn nur so können Sie diesen Energiedruck brechen.

Folgende Übungen haben sich bewährt und sind einfach anzuwenden. Ich bitte Sie, so einfach diese Übungen sind, folgendes zu beachten: Alle Atemübungen setzen voraus, dass Sie durch die Nase einatmen und durch den Mund ausatmen. Dasselbe Quantum Luft einatmen und ausatmen. Es ist nicht die Absicht zu hyperventilieren. Sollten Sie dennoch hyperventilieren, dann machen Sie bitte eine Pause – warten Sie –, beginnen Sie wieder zu atmen, wenn sich ihr Körper beruhigt hat. Hyperventilieren bedeutet, dass Sie nicht gleichviel ein- wie ausatmen. Lernen Sie diese Übungen auswendig und versuchen Sie nicht Herr oder Frau Schlau zu sein und diese Übungen auf Tonband aufzunehmen, damit Sie sich führen lassen können. Der Sinn dieses Buches und dieser Übungen ist es, Bewusstsein zu erlangen, mehr Stärke zu finden. Indem Sie eine Tonbandaufnahme dieser Übungen machen, übergeben Sie sich der Leitung einer Stimme und bringen nicht die notwendige Konzentration für die Übung auf. Bewusstwerdung ist jedoch Konzentration, Wissen wo man steht. Egal ob Sie diesen oder jenen Schritt vergessen, mit der

Zeit können Sie sich an jeden einzelnen Schritt erinnern. Übung macht den Meister.

Alle Übungen sind so aufgebaut, dass zuerst der materielle Teil, also die Erdung berücksichtigt wird und nachher die geistigen Prinzipien. Ich bitte Sie, die Reihenfolge innerhalb der Übungen – beginnend bei den Füssen, über die Beine, die Brust bis zum Kopf und vom Kopf dem Rücken entlang wieder hinunter zu den Füssen – immer beizubehalten. So laden Sie einerseits Energien auf und andererseits erden Sie sich zuerst, bevor Sie sich an die geistigen Zentren (Hals-, Drittes Auge-, Kronen-, Schädelansatz-, Nacken-Chakra) heranwagen. Würde Sie zuerst die geistigen Zentren angehen, wäre die Gefahr gross, dass Sie den Boden unter den Füssen verlieren und sich so in Richtung Wahn bewegen würden.

Der Baum

Diese Übung ist ideal zum Herstellen der täglichen Energieharmonie und um sich jeden Tag kurz zu harmonisieren, oder für «Zwischendurch», bei Konzentrationsschwächen. Die Übung erdet uns und bringt die beiden Gehirnhälften wieder in Einklang. Zusätzlich reinigt sie die Aura.

- Setzen Sie sich auf einen Stuhl, mit den Füssen auf dem Boden, die Arme bilden eine Krone über dem Kopf (freiwillig).

- Stellen Sie sich vor, Sie seien ein Baum.

- Atmen Sie durch die Nase ein mit der Vorstellung, der Atem fliesse durch Ihre Füsse (durch die Wurzeln). So ziehen Sie frische Energie von der Erde durch ihre Füsse in ihren Körper. Ziehen Sie den Atem bis in die Krone (Kopf).
- Halten Sie den Atem kurz an.

- Atmen Sie langsam den Rücken entlang (aus dem Mund) wieder aus und lassen Sie die verbrauchte Energie zurück in den Boden fliessen.

Machen Sie dies insgesamt 7 Mal.

- Beim 8. Atemzug (gleich atmen wie bei den ersten 7) schauen Sie auf den Boden und denken: «Erde» oder «Mutter Erde». So verbinden Sie sich mit der Erde.

- Beim 9. Atemzug (atmen auf die gleiche Art wie oben beschrieben) schauen Sie ganz hoch in den Himmel und denken: «Kosmos» oder «Herrgott» und verbinden sich so mit dem Geistigen.

- Beim 10. Atemzug stellen Sie sich vor, wie ein reinigender, schützender Silberregen auf Sie niederrieselt.

- Setzen Sie sich jetzt noch einen mentalen Schutz (siehe unter Kapitel mentaler Schutz), beispielsweise mit einem Kreis oder einer Kugel. Sie können nun Ihrer Arbeit nachgehen oder meditieren, wie es Ihnen beliebt.

Kristallpendel Reinigung

Für diese Übung benötigen Sie ein Pendel aus Bergkristall. Sie sollten das Pendel jeweils vor und nach der Übung unter kaltem Wasser abspühlen.

Diese Übung reinigt die Aura auf der körperlichen, emotionalen und mentalen wie auch auf der Umweltebene. Es ist eine sehr starke Übung, die auch hilft, tiefe emotionale Probleme ins Bewusstsein zu holen. Machen Sie diese Übung nicht zu oft, 1 bis 3 Mal im Monat genügt. Und vor allem sollten Sie die Anwendungszeit auf maximal 45 Minuten beschränken, da die Energie des Kristalls sehr intensiv ist. Der Kristall ist ein natürlicher Energiereiniger. Er verbindet sich mit den beiden Partnern, der Erde und dem Kosmos, und schwingt so reinigende Energie in die Aura.

Dies ist eine Partnerübung.

- Eine Person liegt bequem auf einer Matte. Die andere gleitet mit dem Kristallpendel in der Hand ganz langsam von den Füssen her zum Kopf der liegenden Person.

- Das Pendel hat im ersten Durchgang ca. zehn Zentimeter Abstand vom Körper der liegenden Person. Das Pendel wird oberhalb der Füsse angesetzt und beginnt von selbst zu schwingen. Verharren Sie dort ca. 20 Sekunden. Dann fahren Sie hoch zu den Waden, verharren dort ca. 20 Sekunden, dann geht es weiter zu den Knien, zu den Oberschenkeln, zum Unterleib, zum Bauch, zur Brust, zum Hals und zum Kopf. Bleiben Sie jeweils ca. 20 Sekunden über dem jeweiligen Körperteil.

- Beim Kopf angekommen, beginnen Sie wieder von vorne bei den Füssen, diesmal im Abstand von ca. 20 bis 30 Zentimetern, nach demselben Prinzip.

- Dann wird die Übung ein drittes Mal durchgeführt, und zwar im Abstand von 50 bis 60 Zentimetern.

- Anschliessend, beginnend bei den Füssen, wird das Pendel in der Mitte des Körpers im Abstand von ca. 50 cm in einer geraden Linie 3 Mal entlang dem Körper gezogen. Nach jedem Durchgang sollte das Pendel mit der Hand abgestrichen werden.

- Der Liegende dreht sich nun auf den Bauch, und der Partner beginnt wieder bei den Füssen; in den gleichen Abständen und Zeitrhythmen wie vorher wird die Übung am Rücken des Liegenden wiederholt.

Pflege des Pendels: Pendel vor und nach der Arbeit mit kaltem Wasser abspülen. Regelmässig während einer Nacht auf trockenes Meersalz legen, damit sich das Pendel regenerieren kann.

Chakra-Reinigung

Erklärung zu den Chakren finden Sie im Kapitel «Aura, Chakren und unser Körper».

Diese Übung reinigt Aura und Chakren sowie den jeweiligen Lebensbereich. Durch diese Übung werden die Energien gestärkt, die Abwehr- und Abgrenzungsfähigkeit sowie die Konsistenz der Aura werden intensiver.

Diese Übung ist ideal für die tägliche Anwendung. Normalerweise wird der erste Teil der Übung täglich durchgeführt. Die ganze Übung (Teil 1 bis 3) 1 bis 3 Mal monatlich.

Dies ist eine Atem- und Vorstellungsübung.

Am Besten legen Sie sich hin. Atmen Sie durch die Nase ein und durch den Mund aus. Beim Einatmen die Luft laut durch die Nase ziehen und die Luft beim Ausatmen geräuschvoll aus dem Mund strömen lassen. Zusätzlich stellen Sie sich vor, dass Sie durch das entsprechende Chakra atmen.

1. Teil dieser Teil entspricht der täglichen Portion: einmal morgens und abends

Einatmen	***Ausatmen***	***Atemzüge Anzahl***
tiefer Atemzug		1x
Wurzelchakra	Wurzelchakra	3x
Sakral	Sakral	3x
Nabel	Nabel	3x

Solarplexus	Solarplexus	3x
Herz	Herz	3x
linke Armhöhle	linke Armhöhle	3x
linker Ellenbogen	linker Ellenbogen	3x
linke Hand	linke Hand	3x
rechte Armhöhle	rechte Armhöhle	3x
rechter Ellenbogen	rechter Ellenbogen	3x
rechte Hand	rechte Hand	3x
Hals	Hals	3x
Stirn	Stirn	3x
linkes Auge	linkes Auge	3x
rechtes Auge	rechtes Auge	3x
linkes Ohr	linkes Ohr	3x
rechtes Ohr	rechtes Ohr	3x
Krone	Krone	3x
Schädelansatz	Schädelansatz	3x
Nacken	Nacken	3x
Mitte Schultern	Mitte Schultern	3x
Mitte Rücken	Mitte Rücken	3x
Kreuz	Kreuz	3x
Steiss	Steiss	3x
linkes Knie	linkes Knie	3x
linker Fuss	linker Fuss	3x
rechtes Knie	rechtes Knie	3x
rechter Fuss	rechter Fuss	3x

tiefer Atemzug und 5 Minuten Pause

Atemübung und Pause wiederholen 2x

2. Teil

Einatmen	*Ausatmen*	*Anzahl*
Wurzel	Krone	3x
Sakral	Steiss	3x
Steiss	Sakral	3x
Nabel	Kreuz	3x
Kreuz	Nabel	3x
Solarplexus	Mitte Rücken	3x
Mitte Rücken	Solarplexus	3x
Herz	Mitte Schultern	3x
Mitte Schultern	Herz	3x
Hals	Nacken	3x
Nacken	Hals	3x
Stirn	Schädelansatz	3x
Schädelansatz	Stirn	3x
Krone	Wurzel	3x

tiefer Atemzug und 5 Min. Pause

Atemübung und Pause wiederholen 2x

3. Teil

Einatmen		*Ausatmen*	*Anzahl*
linker Fuss	Bein entlang	rechter Fuss	3x
rechter Fuss	do.	linker Fuss	3x
linke Hand	Arm entlang	rechte Hand	3x
rechte Hand	do.	linke Hand	3x
linker Fuss	Bein entlang	linke Hand	3x
linke Hand	Arm entlang do.	linker Fuss	3x
rechter Fuss	Bein entlang do.	rechte Hand	3x
rechte Hand	Arm entlang do.	rechter Fuss	3x

linker Fuss	do.	rechte Hand	3x
rechte Hand	do.	linker Fuss	3x
rechter Fuss	do.	linke Hand	3x
linke Hand	do.	rechter Fuss	3x.
durch die ganze	linke Seite	durch die ganze rechte Seite	3x
durch die ganze	rechte Seite	durch die ganze linke Seite	3x
durch die ganze	Rückseite	durch die ganze Vorderseite	3x
durch die ganze	Vorderseite	durch die ganze Rückseite	3x
durch die Füsse	Pause beim Nabel	durch den Kopf	3x
durch den Kopf	do.	durch die Füsse	3x

Anschliessend den «Baum» atmen.

Ende der Übung.

Kurzform der Übung:
1. Teil der Übung 1 Mal Durchatmen.

Organ-Reinigung «Die Kugel»

Siehe Kapitel «Aura, Chakren und unser Körper», in dem die Organe näher erklärt sind.

Es ist wichtig, dass die Organe mit Bewusstsein gepflegt werden und immer wieder gereinigt werden. Diese Übung wird normalerweise wöchentlich angewandt. Es ist eine Übung, die Konzentration und Zeit braucht, also nicht im Alltagsstress geeignet ist. Trotzdem kann man diese Übung ganz gut während einer Zugfahrt machen.

Dies ist eine ideale Sonntagmorgen-Übung.
Es handelt sich hier um eine Visualisierungsübung.

- Entspannte Haltung einnehmen, zum Beispiel liegend.

- Einatmen und ausatmen, bis Sie sich wohl fühlen.

- Einatmen, Atem anhalten, auf 4 zählen, ausatmen, dies 4 Mal wiederholen, Atem normalisieren.

- Stellen Sie sich eine grosse Kugel vor dem Solarplexus vor. Wenn Sie die Kugel nicht sehen können (was vielen Menschen nicht gelingt), dann bilden Sie sich ein, dass die Kugel dort ist.

- Bewegen Sie diese Kugel spielerisch hin und her, hinauf und herunter.

- Schicken Sie die Kugel in den Kosmos und geben Sie ihr

den Auftrag, dass sie sich dort mit «reinigender, heilender, schützender» Energie aufladen soll.

- Holen Sie die Kugel wieder zurück.

- Gehen Sie mit der Kugel zu den Füssen und umschliessen Sie damit ihre Füsse.

- Die Energie der Kugel umschliesst und dringt durch die Füsse und reinigt dort Haut, Bindegewebe, Nerven- sowie Blutbahnen und Knochen.

- Sie spüren, wie die pulsierende Energie durch den jeweiligen Körperteil fliesst. Wenn Ihnen in diesem Fluss ein Widerstand bewusst wird, geben Sie gedanklich ein bisschen mehr Energiedruck, um den Widerstand zu lösen. Nicht zuviel. Wenn sich die Blockade nicht sofort löst, lassen Sie sie einfach sein. Mit der Zeit wird sie sich von selbst lösen.

- Nach ca. 30 Sekunden bewegen Sie die Kugel zu ihren Waden.

- Alle 30 Sekunden bewegen Sie die Kugel weiter – Wade, Knie, Oberschenkel, Unterleib;

- dann: Blase, Sexualorgane, Darm, Magen, Nieren, Leber, Galle, Milz, Pankreas, Lunge, Herz, Luftröhre, Speiseröhre, Kehlkopf, Mund, Zahnfleisch, Zähne, Nase, linkes Ohr, rechtes Ohr, linkes Auge mit Kiefer- und Stirnhöhle, rechtes Auge mit Kiefer- und Stirnhöhle, Gehirn; linke, rechte Hälfte, Kleingehirn, Wirbelsäule.

(Wenn Sie im Anatomiebuch das Lymphsystem gut studiert haben, können Sie mit dem gleichen Verfahren die Lymphen reinigen.)

- Schicken Sie die Kugel wieder in den Kosmos zum Entladen und bitten Sie dann, dass Sie sie wieder frisch aufgeladen mit «reinigender, heilender, schützender» Energie zurückholen dürfen.

- Ist die Kugel zurück, dringen Sie beim Nabel mit der Kugel in ihren Körper. Nun vergrössern sie die Kugel, dass Sie bequem in der Kugel Platz haben.

- Nun machen Sie die Kugel durchsichtig. Der simple Wunschgedanke genügt. Die Kugel ist nun Ihr mentaler Schutz. Sie können noch zusätzlich Ihren persönlichen Schutz anbringen.

Ende der Übung.

Kurzform der Übung:
3 Mal mit der Kugel durch den ganzen Körper fahren, bei den Füssen beginnen.

Loslassen durch Briefschreiben

Eine gute Übung, um unerledigte Situationen oder belastende Geschichten zu verarbeiten, ist das Briefeschreiben, wobei der Brief nie abgeschickt wird. Dies gibt uns die Möglichkeit, wahrheitsgetreu und ehrlich unsere Empfindungen und Emotionen auszudrücken. Dieser Brief hat den Sinn, die Gefühlswallung über die Schrift in ein festes Bild zu bringen, um alles Belastende verarbeiten zu können. Ein solcher Brief sollte folgendes beinhalten:

Anrede,

- Ich schreibe Dir, weil ich … (mein Problem mit Dir) loswerden will.

- Dann all das, was wir dieser Person vorwerfen: unseren Schmerz schildern, unsere Wut und alle Gedanken, die uns durch den Kopf gehen.

- Darauf sollten wir schreiben, was wir aus dieser Situation gelernt haben, zum Beispiel: «Ich habe gelernt, in diesem Schmerz nicht unterzugehen und habe sehen können, dass ich viele Freunde habe. Ich habe festgestellt, dass ich auf mich selber hören muss u.s.w.»

Anschliessend würde ich den Brief mit folgenden Worten beenden:

- «Ich verzeihe Dir, ich verzeihe mir, ich danke Dir, dass Du mir als Lehrmeister gedient hast, ich bitte Dich, verlass mich jetzt, ich kann jetzt meinen Weg alleine gehen. Ich lasse Dich los.»

- Unterschrift.

Nach einer gewissen Zeit, wenn es für Sie stimmt, können Sie diesen Brief verbrennen und so die Sache endgültig ad acta legen.

Das Schloss

Dies ist eine Vorstellungsübung, welche hilft, im Leben Ordnung zu schaffen wie auch unsere Wünsche und Zielsetzungen zu realisieren. Diese Übung hat eine sehr starke Wirkung und verändert unsere physische, psychische, seelische wie auch materielle Welt. Deshalb sollte sie nicht zu oft angewandt werden. Zu häufiges Anwenden könnte zu einem Energiezusammenbruch führen, da viel Energie gebraucht wird, um sich zu verändern oder um Ziele zu erreichen. Es ist auch ratsam, nur ein Ziel auf einmal anzugehen. Ich schlage vor, diese Übung bei einem aktuellen Problem oder einer bevorstehenden Aufgabe zu machen und sie erst dann zu wiederholen, wenn sich im materiellen Leben Veränderungen abzeichnen, oder ein neues Hindernis auftaucht.

- Atmen Sie tief ein, halten Sie den Atem, zählen Sie auf 4 und atmen Sie aus, dies 4 Mal.
- Stellen Sie sich vor, Sie würden aufstehen und sich auf einen fliegenden Teppich setzen, der vor Ihnen liegt, um damit in die Höhe zu fliegen. Sehen Sie hinunter und schauen Sie, wie die Stadt unter Ihnen kleiner und kleiner wird. Bald sind Sie am Rand der Erdatmosphäre, dann gelangen Sie mit einem kleinen Ruck ins Universum. An der Milchstrasse fliegen Sie mit Ihrem Teppich vorbei, bis Sie Ihren Stern sehen, wo Ihr Schloss steht. Das Schloss, das Sie in Ihrer Persönlichkeit, Umwelt und Seele repräsentiert. Sie kommen dem Schloss näher und landen vor dem Eingangsportal. Ihr Hofstaat begrüsst Sie. Grüssen Sie zurück und gehen Sie ins Schloss. Sie sehen verschiedene Türen. Gemeinsam mit Ihrem Hofstaat gehen Sie durch

die Türe, *die Ihren Familienbereich widerspiegelt.*

- *) Sehen Sie sich um. Was muss aufgeräumt werden, was muss renoviert, verändert werden. Geben Sie Ihrem Hofstaat Anweisungen. Wenn Sie unsicher sind, können Sie Ihren Berater herbeirufen.
- Gehen Sie zum Vorhang und schieben ihn auf die Seite. Schauen Sie, was dort versteckt ist. Was muss dort aufgeräumt und renoviert werden. Geben Sie Ihre Anweisungen und sagen Sie Ihrem Personal, dass sie dies alles zu erledigen haben. Gehen Sie wieder in den grossen Raum und von dort aus mit Ihrem Personal ins nächste Zimmer, welches

- Ihren Arbeitsbereich widerspiegelt;
  s. *)

- Ihre Ängste widerspiegelt;
  s. *)

- Ihre Beziehung widerspiegelt;
  s. *)

- Ihre Gesundheit widerspiegelt.
  s. *)

Je nach Bedürfnis und Wunsch können Sie mit dieser Übung einen anderen Bereich in Ordnung bringen, z.B. ein aktuelles Problem, Lernschwierigkeiten, Geld etc.

- Zurück in der grossen Halle bedanken Sie sich bei Ihren Helfern, sagen ihnen, sie müssten ihre Arbeit in Ihrer Abwesenheit weiterführen. Sagen Sie ihnen, dass Sie bald wiederkommen.
- Setzen Sie sich auf Ihren Teppich und fliegen Sie wieder zurück ins Hier und Jetzt.

Geistiges Heilen

Diese Übung ist eine Meditation und kann auch täglich angewandt werden.

- Setzen Sie sich bequem hin.

- Atmen Sie den «Baum».

- Fächern Sie mit Ihren Händen dem Körper entlang die Aura: von den Füssen herauf und am Hinterkörper vom Kopf hinunter.

- Formulieren Sie nun in Ihren Worten ein Gebet mit dem Dank und der Bitte um Heilung und um Energie.

- Erinnern Sie sich daran, dass Sie das, was Sie nehmen, auch wieder geben müssen – also geben Sie das Versprechen, dass Sie die Schätze der Erde und des Kosmos gemäss den Lebensgesetzen pflegen wollen.

- Kanalisieren Sie Ihre Energien: Lassen Sie Ihre Chakren pulsieren und wie eine Wasserfontaine spielen.

- Kanalisieren Sie Ihre Gedanken: Das Ziel ist es, leer zu sein, um empfangen zu können. Schenken Sie den Gedanken, die aufkommen, kurz Ihre Aufmerksamkeit und dann lassen Sie sie wieder los. Ersetzen Sie die dunklen Gedanken mit positiven Bildern, so weit dies geht.

- Erinnern Sie sich an die Energie der Liebe, Ihrer Seele und lassen beide in sich aufsteigen.

- Bauen Sie nun eine Brücke (in Ihrer Vorstellung) von Ihrem «Dritten Auge» (Stirnchakra) her zu Ihrem Herzen und von Ihrem «Dritten Auge» her zum Kosmos (Herrgott).

- Strecken Sie nun Ihre Hände mit den Handoberflächen nach aussen in die Höhe und lassen die Energie in sich einströmen. Es kann sein, dass Ihre Hände an verschiedene Teile Ihres Körpers hinwollen, lassen Sie dies geschehen.

- Wenn Sie die Energie empfangen durften, bedanken Sie sich und schützen sich.

Wenn Sie bereit sind, diese Energie in Tat umzusetzen, das heisst sie zurückzugeben, können Sie an Ihre Arbeit gehen oder Sie können Ihre Fürbitten, Ihre Heilwünsche für Bedürftige anbringen. Vergessen Sie dabei nicht, dass Sie sich mit jeder Bitte, die Sie aussprechen, automatisch als Energiespender für diese Bedürftige zur Verfügung stellen. Also übernehmen Sie sich nicht. Gehen Sie mit Ihren Fürbitten behutsam um. Sie können nicht die ganze Welt heilen.

Bedenken Sie, das Ihre Arbeit ein Weg sein kann, das was Sie bekommen haben weiterzugeben. Es genügt ein Lächeln, das Sie einer vergrämten Person schenken.

Lerne loszulassen

Dies ist eine gute Übung, um zu lernen, mit neuen Bildern zurechtzukommen. Sehr oft sind wir in der Vergangenheit fixiert. Mit Hilfe mentaler Vorstellungen können wir lernen, uns von Situationen zu lösen und auch Karma und alte Denkmuster loszulassen.

Dies ist eine Visualisierungsübung. Es ist empfehlenswert, zuerst zu üben, denn so trainieren Sie das Visualisieren, das Ihnen in der Meditation nur hilfreich ist.

- Rufen Sie ein Bild auf: eine Blume, einen Wald, ein Haus, einen Spaziergang am Meer oder im Wald, usw.

- Lassen Sie das Bild wieder vorbeiziehen.

- Rufen Sie ein neues Bild auf, lassen Sie es vorbeiziehen.

Üben Sie so ca. 10 Minuten.

Sie können die Übung hier abbrechen, oder wenn Sie spezielle Denkmuster, karmische oder aktuelle Situationen haben, die sie loslassen wollen, wie folgt weiterfahren:

- Rufen Sie Ihre Bilder auf. Bei Gewohnheiten, die Sie abbauen wollen, rufen Sie dieses Bild auf. Beispielsweise erröten Sie immer, wenn Sie etwas gefragt werden. Rufen Sie genau diese Situation vor Ihr inneres Auge. Jetzt löschen Sie das Bild. Darauf konstruieren Sie Ihr eigenes, neues Bild von der Situation, so wie Sie sie haben wollen – ohne zu erröten.

Sie können diese Übung auch bei aktuellen zwischenmenschlichen Problemen anwenden, dürfen aber in Ihren eigenen Bildern niemanden beeinflussen. Das ist nicht so einfach. Wenn zum Beispiel ein Mitarbeiter versucht, Sie zu schikanieren oder zu intrigieren, so können Sie dieses Bild aufrufen und anschliessend löschen. Dann bilden Sie die neue Situation beispielsweise so, dass Sie sich selber in einem Schutzring sehen und dass alle Wege, die Sie beschreiten, frei sind und Sie Ihre Ziele erreichen können.

Das Auflösen von karmischen Geschichten kann auf diese Weise unterstützt werden. Es ist von Vorteil, wenn Sie die karmische Situation kennen. Es ist möglich, dass Sie sie geträumt haben oder sie Ihnen erzählt wurde. Rufen Sie diese Bilder auf. Wenn Sie keine Bilder und kein Wissen über diese karmische Situation haben, schlage ich vor, dass Sie Ihr Gefühl, welches Sie dieser Person oder Situation gegenüber haben, aufrufen. Nun verzeihen Sie zunächst sich selbst, denn sehr oft haben wir uns selber nicht verziehen, dass wir uns zum Beispiel haben umbringen lassen oder weil wir etwas Ungerechtes getan haben. Erinnern Sie sich daran, dass Karma immer Lektion ist und dass wir lernen dürfen. Dann verzeihen Sie all den anderen Beteiligten in dieser Lektion. Visualisieren Sie die Bänder, die Sie und Ihre Mit- und Gegenspieler mit diesem Karma verbinden. Nehmen Sie in Ihrer Vorstellung eine Schere und schneiden Sie die Bänder durch. Dann löschen Sie den «Bildschirm» wieder.

Diese Übung kann auch bei Partnerproblemen angewandt werden. Wir können zum Beispiel die Bänder, die uns mit unseren Verhaltensmuster verbinden, durchtrennen und unser neues Verhalten, welches wir anwenden möchten, visualisieren. Dies ist eine Möglichkeit für beide Partner, sich gemeinsam zu verändern.

Dadurch, dass wir alte Ereignisse loslassen, können wir

lernen, uns nicht mehr allzu ernst und allzu persönlich zu nehmen.

Mit dieser Übung können wir auch unsere Wünsche schneller erfüllen. Rufen Sie einen Ihrer Wünsche auf, überlegen Sie sich, ob er erfüllbar ist. Setzen Sie Ihren Wunsch auf eine Wolke und lassen Sie ihn los, damit er in materieller Form zu Ihnen zurückkehren kann.

Rituale

Mit selbstgebastelten Ritualen können Sie sich helfen, schwierige Situationen auf der mentalen, energetischen Ebene zu verarbeiten. Zum Beispiel können Sie eine reale Schnur verwenden und diese zerschneiden, damit Sie die Vorstellung der Trennung materialisiert haben. Anschliessend verbrennen Sie die Schnur.

Es gibt allerlei Möglichkeiten, solche Rituale im täglichen Leben einzubauen, um sich aus dem Kerker der Vergangenheit zu befreien.

So zum Beispiel ist es möglich, dem Liebeskummer Herr zu werden, indem Sie alle Briefe und Fotos verbrennen. Dies kann ganz romantisch gestaltet werden, zum Beispiel in einem Wald. Die Asche der Erinnerungen können Sie anschliessend in einen Fluss werfen, damit der Strom das Alte mitnimmt und Neues entstehen kann.

Die Ausgestaltung dieser Rituale ist ihrer Fantasie überlassen. Ich empfehle diese Übung Menschen, die sich in einer festgefahrenen Lage befinden. Wenn das Ritual angewandt wird, um einen Prozess abzuschliessen, hat es den gleichen Symbolwert wie eine Beerdigung. Es ist oft sehr wichtig, dass wir das Ende einer Ereigniskette visualisieren können, damit es real wird. Vor allem in einer unglücklichen Beziehung, aus der sich der Partner unversehens davonmacht. Natürlich können wir Rituale auch im positiven Sinne feiern, wie z.B. eine Geburt. Dies erleichtert dem Kind den Eintritt in das Erdenleben und den Eltern ihre neue Aufgabe.

In vielen Völkern sind Rituale ein Bestandteil des täglichen Lebens. Rituale sind Feste, eine Danksagung an das Leben, an all die lebendigen Kräfte, die uns umgeben. Rituale können auch

Bitten um Heilung und Hilfe unterstützen. Mit dem Ritual zeigen wir den Energien, dass wir etwas wollen oder benötigen. Wir zeigen auch, dass es uns ernst ist, und dass wir bereit sind, etwas dafür zu opfern. Erinnern Sie sich an die Lebensgesetze.

Es gibt natürlich allerlei magische Rituale, die ich hier nicht aufführen und auch nicht empfehlen kann, denn solange Sie alle Hintergründe und Zusammenhänge dieser Rituale nicht kennen, wissen Sie auch nicht, welche «Geister und Energien» Sie aufrufen. Sie wissen nicht, ob Sie solche Praktiken Ihren Zustand noch verschlechtern. Also Finger weg!

Das Räuchern

Das Räuchern ist eine alte Tradition und wird in den unterschiedlichsten Kulturkreisen angewandt. Die Pflanzendüfte werden zu Reinigungszwecken verwendet. Pflanzen sind selber auch Energieformen und vermögen durch ihren Duft ganz spezielle Energien zu reinigen oder schlechte Energien zu vertreiben. Es sei Ihnen überlassen, ob Sie aus dem Räuchern ein Ritual machen möchten oder ob Sie einfach nur räuchern möchten. Indianerbücher können viel Inspiration geben, wie sich ein Ritual unter Einbezug der Himmelsrichtungen vollziehen könnte.

- Ich schlage vor, mit einem kurzen Gebet zu beginnen.

- Dann sollten Sie sich erden und reinigen, zum Beispiel mit der Baumübung.

- Anschliessend eine Metallschale, eine Räucherschale (Imkerpfeifen sind sehr praktisch und empfehlenswert) nehmen und zudem auch Räucherkohle. Räucherkohle erhalten Sie heute fast in jeder Drogerie.

- Zuerst öffnen Sie in jedem Raum ein Fenster, denn es ist Vorsicht geboten, weil gewisse Räucherware, wie zum Beispiel Salbei, Reaktionen wie Epilepsie auslösen können. Auch wollen wir diese Energien, die im Raum gefangen sind, nicht quälen, sondern wir geben Ihnen die Möglichkeit, durch die offenen Fenster auszuziehen. Es ist wichtig, die Macht und die Stärke dieser Energien wie auch die

Kraft der Räucherware nicht zu unterschätzen. Diese Energien können Fenster zum Zerspringen bringen.

- Nun sind wir so weit und entzünden die Kohle im Räuchergefäss. Wenn sie brennt, legen Sie die Räucherware Stück für Stück auf die Kohle, eventuell müssen Sie leicht fächern, damit es richtig raucht. Wenn die Kräuter verbrannt sind, schaffen wir die Asche weg und fügen neue Kräuter hinzu. (Die Imkerpfeife ist praktischer, Sie können jeweils einfach neue Kräuter nachschütten, ohne die Asche zu entfernen.)

- So bewegen Sie sich von einem Zimmer zum anderen. Vergessen Sie nicht, unter den Möbeln zu räuchern, hinter den Türen sowie in den Schränken.

Nun gibt es verschiedene Kräuter zu diesem Zweck. Zu diesem Thema sind verschiedene Bücher auf dem Markt.

Um eine Wohnung, ein Zimmer zu reinigen, empfiehlt es sich mit *Salbei* und *Lorbeer* zu arbeiten. Lorbeer stellt die Harmonie wieder her und ist ein glückliches Holz, Salbei vertreibt negative Energien, wie Neid und Eifersucht, und reinigt sehr intensiv.

Nach schweren Zeiten wie auch bei Jahreswechseln oder in neuen Situationen ist *Beifuss* das ideale Kraut.

Beifuss wurde in alten Zeiten eingesetzt, um die Dämonen des alten Jahres zu vertreiben. Er ist als Tee in der Drogerie erhältlich. Die Räuchermischung kann mit *Lavendel, Melisse, Zimt* oder anderen Kräutern bereichert werden. Der Weihrauchharz ist sehr beliebt beim Räuchern. Doch hier eine kleine Warnung: Weihrauch hilft die Verbindung zwischen Materie und Geist zu schaffen, dies ist sehr angenehm, wenn Ihre Räumlichkeiten hell und sauber sind. Leben Sie jedoch in einer belasteten Umgebung, dann kann sich durch den Weihrauch das dunkle Geistige manifestieren. Dies ist sehr beschwerlich, denn anstatt es zu vertreiben, ist es möglich, dass diese dunklen Wesen in Erscheinung treten. Vor allem kleine Kinder können dann unter Alpträumen oder Angszustände leiden, weil sich diese Wesen gerne bei ihnen und bei medialen Menschen bemerkbar machen.

Weihrauch ist dann empfehlenswert, wenn Ihre Wohnung, ihre Umgebung in Harmonie ist, und kann dann einen wunderschönen Segen und geistige Harmonie in den Raum bringen.

Regelmässiges Räuchern hält die Energien sauber. Nach Streit, nach und während problematischen Zeiten reinigt das Räuchern die Luft.

Kursleiter und Menschen, die therapeutisch arbeiten, sollten nach Kursen oder nach schweren Sitzungen jeweils am Wochenende ihre Arbeitsräume ausräuchern. Nach dem Ausräuchern kann das Spritzen von Weihwasser als zusätzlicher Schutz eine sehr angenehme Auswirkung haben.

Aura fächeln

Dies ist eine sehr einfache Übung, die Sie jederzeit anwenden können.

- Fächeln Sie mit Ihren Händen ca. 5 bis 10 Zentimeter über Ihrem Körper Ihre Aura. Sie fahren wie bei der Baumübung mit den Händen von den Füssen entlang den Beinen hinauf über den Kopf und dem Rücken entlang wieder herunter.

- Wiederholen Sie dies zwei- bis dreimal. Damit lösen Sie die schweren Energien, die in Ihrer Aura festhängen und durchlüften sie durch die Bewegung. Zusätzlich laden Sie durch die Bewegung Ihre Aura mit Energie neu auf.

Das Erweitern der Aura

Dies ist eine Vorstellungsübung.

- Stellen Sie sich vor, dass Sie Ihre Aura erweitern und mit ihr den ganzen Raum füllen oder gar Ihre Wohnung. So besetzen Sie Ihren Platz, Ihr Revier. Sie sind durch Ihr eigenes Energiefeld geschützt, jetzt ist Ihr Schutz noch grösser. Das heisst, dass Sie zwar alle Regungen von aussen verspüren, diese jedoch nicht mit voller Wucht auf Ihren Körper prallen. Ihre Aura wirkt dann als Knautschzone, aber auch als erweitertes Alarmsystem, weil durch die Weite der Aura Ihre Bewusstseinsebene automatisch auch erweitert wird.

Tip: Bleiben Sie mit Ihrer Aura in Ihrer Wohnung oder Ihrem Raum, sonst nehmen Sie die Energien der Nachbarn auf.

So wie Sie Ihre Aura erweitern können, können Sie Ihrer Seele die Möglichkeit geben, sich im ganzen Körper und in der Aura zu erweitern und zu entfalten. Die Seele ist unser göttlicher Teil. Je mehr «Göttliches» wir ausstrahlen und leben, desto mehr «Göttliches» ziehen wir an, desto geschützter sind wir.

Dies bewirkt aber, dass wir den seelischen Weg auch konsequent gehen und unsere Lebensaufgabe voll und ganz wahrnehmen müssen.

Diese Übung ist ideal für zu Hause, oder zum Beispiel wenn Sie ausserorts einen Vortrag halten oder sich auf irgend eine Art behaupten müssen. Es ist jedoch nicht empfehlenswert, mit einer erweiterten Aura einzukaufen oder zu reisen. Denn eine erweiterte Aura bedingt, dass Ihre persönliche Energie sehr ausgebreitet ist und somit stehen alle, die sich in Ihrer unmittelbaren Nähe befinden, in Ihrem Energiefeld. Dies ist fürchterlich anstrengend und nicht empfehlenswert.

Mentaler Schutz

Mit mentaler Vorstellungskraft ist es einfach, sich zu schützen. Lediglich durch die Vorstellung eines Schutzes wird in der Energie-(Fantasie)Welt dieser Schutz aktiviert. Ein solcher Schutz ist der Fantasie freigestellt. Wichtig ist, dass die Schutzvorstellung uns ganz umhüllt und keine Angriffsfläche offen lässt. Sich in einer *Kugel* vorzustellen, kann ein sehr effizienter Schutz sein. Eine *Pyramide* oder ein Würfel kann dieselbe Funktion haben. Ich weiss von Leuten, die sich unter dem *Mantel Muttergottes* visualisieren, von anderen, die sich einen *Mantel* oder *Anzug* überziehen, der für sie den Schutzgedanken symbolisiert.

Ein mentaler Schutz sollte Ihnen die Möglichkeit geben, Ihre Aufgabe besser bewältigen zu können. Ein Schutz sollte Lebenslektionen immer zulassen, uns aber genug Kraft und Wachsamkeit geben, damit wir diese Aufgabe erkennen und angehen können.

Gewisse mentale Schutzvorrichtungen, wie z.B. *Wände aufstellen,* um den anderen nicht zu spüren, sind zwar praktisch, aber auch gefährlich. Denn durch eine Wand sehen Sie nicht, was auf Sie zukommt. Eventuell vermeiden Sie so Ihre Lektion oder eine wichtige Konfrontation. Ein mentaler Schutz sollte immer dann gebraucht werden, wenn es die Situationen erfordert.

Zum Beispiel bei Platzangst im Bus: Vor dem Einsteigen in den Bus sich schützen, nach dem Aussteigen den Schutz entfernen; oder bei der Arbeit mit sehr negativen Personen; oder bei momentaner eigener Überempfindlichkeit.

Es ist natürlich möglich, einen Schutz aufzubauen, der auch Wachstum zulässt. Dies setzt voraus, dass die Vorstellung klar und spezifisch ist. Stellen Sie sich einen Schutzkreis vor, der die Lebenslektion zulässt, aber vor Übermässigkeit schützt.

Denken Sie daran: Ihr Schutz ist etwas Persönliches. Da die Chance besteht, dass Sie es mit Hellsehern zu tun haben, schlage ich vor, dass Sie sich diesen Schutz immer durchsichtig vorstellen.

Nachteil: Wenn Sie an Ihrem mentalen Schutz zweifeln, ist er nicht mehr wirksam! Dies ist eine gute Lektion, um Vertrauen zu sich selber zu finden!

Sich ins Licht stellen

Oft wird gelehrt, dass man sich in der Vorstellung ins weisse Licht stellen oder den mentalen Schutz mit weissem Licht füllen sollte. Weiss ist die Farbe der Vollkommenheit und bedeutet Erleuchtung. Indem wir uns diese Farbe zu eigen machen, versuchen wir dem Kosmos zu signalisieren, dass wir nichts mehr zu lernen haben. Also halten wir einerseits die Lektion ab und andererseits ziehen wir eine Lektion an, der wir eventuell gar nicht gewachsen sind. Die Negativität wird nämlich mit aller Gewalt versuchen, den Vollkommenen zu hindern, seine Aufgabe anzugehen. Ein echt Vollkommener wird damit keine Probleme haben. Aber bei einem «Selbsternannten» werden die eigenen dunklen Farben bald durch dieses Weiss hindurchscheinen und mit Gewalt die Lektion der Negativität anziehen.

Mit dem Schutz des weissen Lichtes werden auch spirituelle Entwicklungen innerhalb des Lichtkegels gebremst. Sich ins weisse Licht stellen heisst noch lange nicht, dass wir selber weiss sind. Weiss ist die Farbe der Erleuchtung, des Nichts-mehr-lernen-Müssens. Weiss zieht in reiner Form nichts mehr an, also auch keine spirituelle Entwicklung.

Sind wir jedoch nicht «rein» oder «erleuchtet» (diesen reinen Zustand werden wir kaum erreichen), drücken unsere dunklen Seiten durch dieses Weiss hindurch und unsere Energien ziehen dann wieder die korrespondierenden Energien (siehe Lebensgesetze) aus dem Kosmos an.

Benützen wir diese Schutzform über sehr lange Zeit, kann es geschehen, dass die Lebenslektion mit sehr viel Gewalt diesen Schutz brechen muss, um so das Wachstum der Seele zu garantieren.

Menschen, die diesen Schutz über längere Zeit brauchen, erscheinen sehr oft verklärt und weltfremd. Diese Energie, mit der sie sich schützen, kann sie mit der Zeit in ein äusserst asoziales Verhalten stossen, was in totaler Vereinsamung enden kann oder gar im Wahnsinn.

Bei magischen Angriffen kann das «Sich-ins-Licht-stellen» ein sehr wirksamer Schutz sein, sollte aber nicht mehr als ein paar Tage hintereinander angewandt werden. Die Anwendung dieses Schutzes kann dann als Regenerationsmöglichkeit (wieder einmal schlafen können) benützt werden.

Gebete

Sind Sie gläubig, sind Gebete genauso ein Schutz wie jede mentale Vorstellung, mit dem Vorteil, dass richtige Gebete die persönliche Entfaltung unter dem Schutz der göttlichen Kraft zulassen (z. B. Bitte um Führung). Wichtig ist es jedoch, Gebete in ihrer reinen Form zu gebrauchen oder selber vom Herzen her den Dialog mit Gott zu suchen. (Finger weg von esoterisch gehandelten Gebeten, die teilweise magische Rituale im Namen des Herrn und im Namen von Heiligen sind.)

Zum Beten: Beten ist eine Meditation, in der wir uns mit uns und unserem Schöpfer auseinandersetzen. Wichtig ist der Dank wie auch die Bitte. Beachten Sie, dass Gebete keine Forderungen sind, sondern Bitten. Bitten um Gehör, um Hilfe. Gebete, die sich auf das Wesentliche beschränken und ohne Machtanspruch (also mit reinem Herzen) gebetet werden, sind die wirksamsten.

Es ist ratsam, vor allem wenn Sie unter starken negativen Belastungen stehen, die richtige Anrede beim Gebet zu wählen. Wenn Sie bedenken, dass sich die Negativität auch Gott nennt (Luzifer hat sich im Himmel schon als Gott aufgespielt und ist auf der Erde Gott der Materie. Im Satanismus wird er Gott genannt), können Sie sich auch vorstellen, dass bei unpräziser Anrede sich die Negativität ins Gebet einschleichen kann. So berichten Gepeinigte, dass sie während des Gebetes von Wesen geschlagen wurden, oder dass ihnen die Worte im Mund verdreht oder ersetzt wurden. Deshalb ist es wichtig, die richtigen Worte zu gebrauchen, auch wenn man in Gedanken betet, denn diese Worte sind ein zusätzlicher Schutz. Im katholischen Glauben wäre eine solche Anrede «im Namen des Vaters und des Sohnes und des heiligen Geistes» oder «dreifaltiger Gott», bei den Protestanten «Herrgott» oder «Vater im Himmel». Wenn Sie eine Verbindung mit Ihrem Schöpfer suchen ist es ratsam, jeweils die richtige «Telefonnummer» einzustellen, damit der Schutz des Gebetes auch wirksam sein kann.

Schutzsteine

Es gibt diverse Schutzsteine, die negative Energien abwenden und den Menschen helfen, ihr inneres Gleichgewicht wieder zu finden.

Steine sind sehr starke Helfer, vor allem der *schwarze Turmalin*, der *Türkis,* der *Bergkristall*,der *Sodalith* wie auch der *Pyrit* und viele andere. Sie verbinden sich mit uns und geben uns ihre Kraft. Vergessen Sie nicht, dass diese Mineralfreunde ihr bestes tun, damit es Ihnen gut geht. Die Mineralien sind ein Teil der Natur, und was wir bekommen, sollten wir zurückgeben. Also pflegen Sie ihre Steine und vor allem überlassen Sie nicht die ganze Schutzfunktion Ihren Steinen, sondern benützen Sie sie als Begleiter, Freunde – als Unterstützer.

Ätherische Öle

Ätherische Öle können die Atmosphäre der Räume und der Aura erhellen und bewirken eine gewisse Reinigung. Duft ist auch Energie, und ein reinigender Duft reinigt die Atmosphäre.

Bäder

Meersalzbäder zum Beispiel reinigen die Aura und helfen dem Körper, sich zu regenerieren. So können Sie ihre Energie und körperliche Gesundheit auch mit Salz- und Kräuterbädern unterstützen.

Selbstmitleid und Groll loslassen

Es gibt Momente, in welchen uns Selbstmitleid und Groll überwältigen. Dies sind ganz normale und menschliche Gefühle, doch leider haben sie die Tendenz, uns noch mehr in die Depression zu ziehen oder uns durch ihre negative Wirkkraft empfänglicher für die von aussen kommende Negativität zu machen. Folgend eine einfache Übung, die ich entwickelt habe, um einerseits diesen Gefühlen ihr Recht zuzugestehen und andererseits sie auch wieder loswerden zu können.

- Lassen Sie ein schön warmes Vollbad einlaufen, und legen Sie sich in die Badewanne.
- Sobald Sie in der Wanne sind, beginnen Sie sich mir Ihren Gefühlen des Selbstmitleids und Grolls zu beschäftigen. Denken Sie daran, was für eine arme, verlassene, gestresste usw. Person Sie sind. Baden Sie sich so richtig in diesen Gefühlen.
- Sie dürfen kein warmes Wasser nachgiessen und müssen sich, bis das Wasser unangenehm kühl ist, gedanklich ausschliesslich mit Ihrem Kummer beschäftigen.
- Wenn das Wasser kühl geworden ist und Sie sich ausführlich in Ihrem Selbstmitleid gebadet haben, können Sie den Stöpsel ziehen und das Wasser auslaufen lassen.
- Sie bleiben jedoch in der Wanne liegen und lassen gedanklich ganz bewusst Ihre schlechten Gefühle mit dem Wasser auslaufen.
- Erst wenn die Wanne leer ist, können sie heraussteigen, sich abtrocknen und eventuell für den Neuanfang parfümieren und frische Kleider anziehen.

Talismane

Gekaufte Talismane mit Schriftzeichen und Symbolen sind meistens magischen Ursprungs. Es liegt an Ihnen zu entscheiden, ob Sie sich unter einen wie auch immer gearteten magischen Schutz stellen wollen, von dem Sie keine Ahnung haben und deshalb blind abhängig sind. Jeder von uns hat aber natürliche Talismane (Glücksbringer) – wie einen Ring, eine Münze, ein Tuch, die ihm Glück oder Schutz bringen. Sie geben uns Wärme und Sicherheit und können uns begleiten.

Wichtig ist in jedem Fall, nicht einfach zu kopieren, zu konsumieren, sondern auch zu denken, zu spüren und sein Gewissen zu prüfen.

Sie haben jederzeit die Möglichkeit, geliebte Gegenstände in Kirchen segnen zu lassen. So kann die Schutzwirkung noch verstärkt werden.

Waschen

Die körperliche Reinigung, die wir als normale Hygiene gelernt haben, ist und bleibt genauso wichtig und ist Basis der Energie-Hygiene.

Ein sauberer Mensch hat eine andere Ausstrahlung als ein schmuddeliger. Ein gepflegtes Äusseres ist für die Umwelt ästhetischer und angenehmer.

Wasser reinigt den Körper wie auch die Aura. Sie können diese Wirkung verstärken, indem Sie sich vorstellen, dass ihr energetisches Umfeld mit der Dusche auch gereinigt wird. Erinnern Sie sich an die Chakren im betreffenden Kapitel dieses Buches.

Unsere Hände haben auch Chakren. Es ist empfehlenswert, die Hände nach regem Kontakt mit anderen Menschen oder unangenehmer Materie zu waschen. Aber bitte nicht übertreiben!

Diät

Die Umstellung der Nahrung oder das bewusste Essen von gewissen Nahrungsmitteln entschlackt den Körper und hilft somit, den Energiehaushalt des Körpers zu ändern.

Es gibt Menschen, denen eine Reinigung mittels Fasten gut tut. Dies sollte aber unter Aufsicht und mit Vernunft durchgeführt werden.

Es gibt auch allerlei Reinigungstechniken für den Körper, wie Entschlackungstees, Blutreinigungskuren etc. Alles bitte nur als Kurz-Zeit-Therapie und unter fachmännischer Aufsicht anwenden. Der Körper staut Energien (Traumata, etc.), deshalb ist der Zugang über eine Diät sehr unterstützend.

Vergessen Sie aber nicht, dass Energiebelastungen wie auch geistige Arbeit sehr viel Energie brauchen. Es ist also nicht immer ratsam zu fasten. Das Fasten kann den Stoffwechsel verlangsamen – geistige Arbeit tut dies auch. So kann es sein, dass wir das Gegenteil bewirken und zunehmen, anstatt abzunehmen. Es ist auch wichtig zu wissen, das Energieangriffe sehr viele Mineralstoffe und Vitamine im Körper verzehren und deshalb oft unser ganzer Stoffwechsel durcheinander gerät. Oft verbrauchen wir eine Unmenge Energie, um diese Angriffe zu überleben, und können über die Nahrung nicht genug zurückbekommen. Gehen Sie also mit Ihrer Ernährung vernünftig um, und erwägen Sie auch, über eine gewisse Zeit zusätzlich Mineralstoffe und Vitamine einzunehmen.

Ruhe

Dem Körper seine wohlverdiente Ruhe zu geben, ist sehr reinigend. Der Schlaf ist ein guter Doktor. Die Ruhe sollte aber nicht zu Faulheit werden.

Bewegung

Bewegung mit Mass, wie Spazieren und diverse Sportarten, können sehr reinigend sein. Jogging kann zum Beispiel mit einer mentalen Vorstellung kombiniert werden, dass die Aura durch den Wind gereinigt wird.

Schlusswort

Der stärkste persönliche Schutz ist, sich von aller blockierenden Negativität zu befreien und in sich selber eine Harmonie zwischen positiv und negativ herzustellen.

Das heisst, ein tiefes *Urvertrauen zu finden* und sich nicht zu sorgen, jedoch trotzdem Verantwortung zu übernehmen.

Dies ist unsere Aufgabe in unserem Bestreben zur Selbstentfaltung. Bis wir so weit sind, müssen wir uns mit kleinen Tricks und Kniffs zufrieden geben.

Persönlicher Schutz sollte nicht in irgendwelche Form von Magie ausarten, sondern sich in Harmonie zur Erde und zum Kosmos wissen. Magie ist manipulativ. Schutz sollte unseren Kern schützen, nicht uns oder unsere Umwelt manipulieren. Schutz sollte uns helfen, unsere Aufgaben besser zu bewältigen und *nicht* uns abzusondern.

Ein Schutz heisst nicht, sich hinter einer Mauer zu verschanzen. Ein geistiger Schutz, der Lektionen zulässt, hat die Funktion, uns geborgen durch unser Leben zu führen. Das heisst, dadurch dass wir geschützt sind, sind wir wachsamer, flinker. Die Energiewesen, die wir mobilisieren, die sich um uns kümmern, warnen uns rechtzeitig vor schwierigen, unangenehmen, gefährlichen Situationen. Wir nehmen diese Warnung zum Beispiel als Nervosität auf, oder als klaren Gedanken, der uns zeigt, was nicht stimmt. Wichtig ist, dass wir hier nicht hysterisch werden, sondern unserem Schutz Aufmerksamkeit geben und verstehen lernen, dass wir nicht belästigt werden, sondern dass wir gewarnt, geführt werden. Eben hier können wir unseren freien

Willen einsetzen, indem wir dank der rechtzeitigen Warnung nicht durch diese dunkle Gasse gehen.

Schützen und Reinigen ist recht und gut! Doch wie können wir all diese Arbeit in unseren Alltag einbetten. Nun, es gibt nicht soviel zu tun, wie Sie sich jetzt vielleicht vorstellen. Beim Lesen der Übungs-Anleitungen haben Sie festgestellt, dass es auch Kurzformen gibt. Für den Alltag heisst das, dass Sie mit 3 Minuten morgens und abends schon sehr viel für ihr energetisches Wohl getan haben. Und wenn wir uns so einen möglichen Tagesablauf ansehen, sehen wir, dass sogar mehr Zeit übrig bleibt, um intensiver zu arbeiten.

Möglich wäre es, den Tag so zu beginnen: Stehen Sie auf und trinken Sie Ihren Kaffe, Tee oder Saft. Dann können Sie sich 3 bis 10 Minuten mit der Chakra-Atemübung reinigen. Jetzt ist es Zeit, sich zu waschen und anzuziehen, zu frühstücken, zur Arbeit zu gehen. Wenn Sie im Zug unterwegs sind, ist es möglich zu meditieren oder die Kurzform der Organreinigungsübung zu machen. In den Arbeitspausen oder bei Konzentrationsschwächen kurz den «Baum» atmen, damit Sie wieder klar denken können. Nach der Arbeit, beim Einkaufen, auf dem Nachhauseweg können Sie den Energiebalast mit einer mentalen Vorstellung loslassen.

Geniessen Sie Ihre Freizeit! Sie können vorher oder nachher reinigen. 3 bis 10 Minuten genügen. Es ist jedoch empfehlenswert, dies vor dem Essen zu tun, denn so können wir uns auch vor unkontrollierten Essanfällen, ausgelöst durch Fremdenergien, schützen. Für einen gesunden Schlaf ist es auch von Vorteil, wenn wir uns vorher gereinigt haben. Ich schlage vor, dass Sie Ihr Reinigungsritual immer dann machen, wenn Sie alles erledigt haben und nicht mehr mit Fremdenergie konfrontiert sind. Wenn Sie im Bett sind: sich mental schützen, beten, schlafen.

Wichtig ist, dass das Reinigen, das Schützen, das Beten im Einklang mit Ihrem Alltag steht. Es darf nicht zur Belastung werden. Und Sie dürfen nicht zum Exoten für Ihre Umwelt werden. Es ist sehr gut möglich, im Zug zu beten oder unter der Dusche. Also machen Sie es nicht kompliziert! Es sollte Freude machen und Ihnen mehr Stabilität geben, damit Sie wieder oder intensiver die Freuden des Lebens geniessen können.

Übersichtstafeln

Die Aura

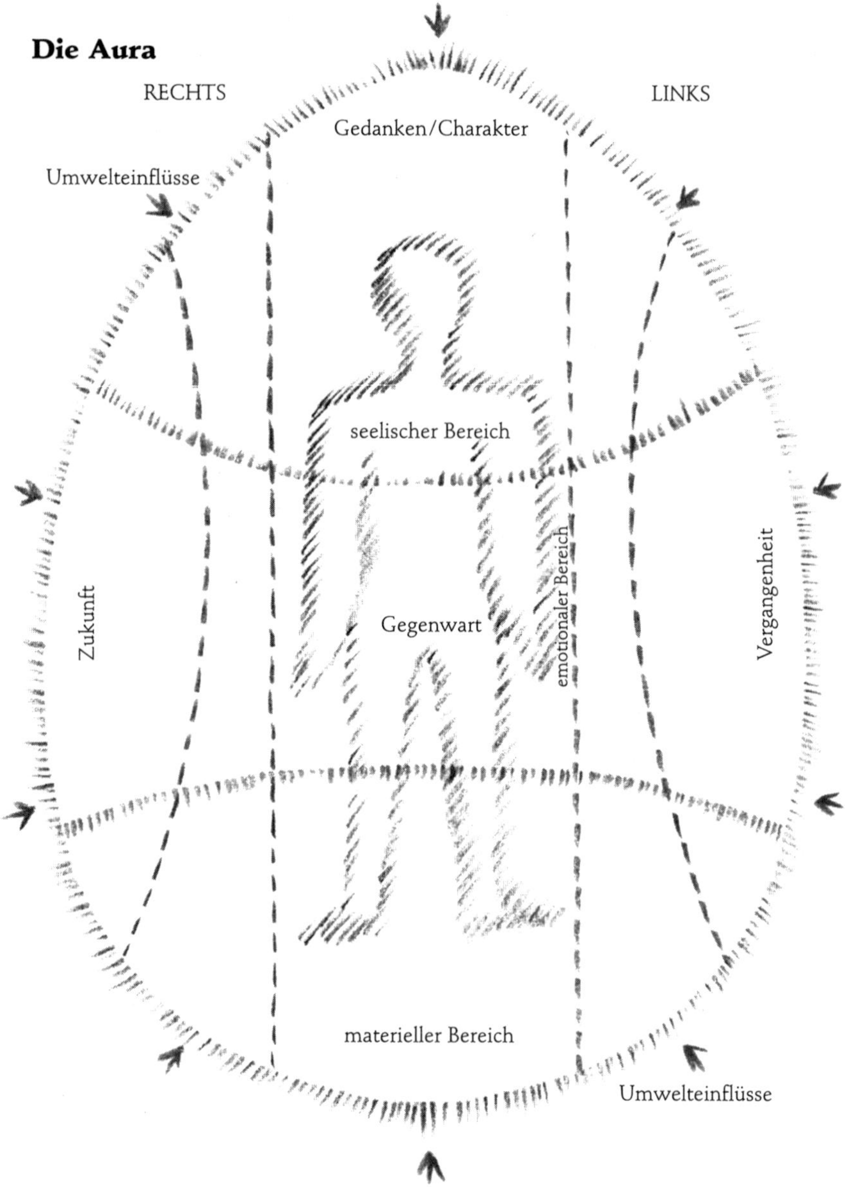

Die Chakren

Vorne

1 Kronenchakra
2 Stirnchakra
Augen und Ohren
3 Halschakra
4 Herzchakra
5 Arme (Armhöhle, Ellenbogen, Hände)
6 Solarplexus
7 Nabelchakra
8 Sakralchakra
9 Wurzelchakra
10 Beine (Kniehöhlen, Fusssohlen)

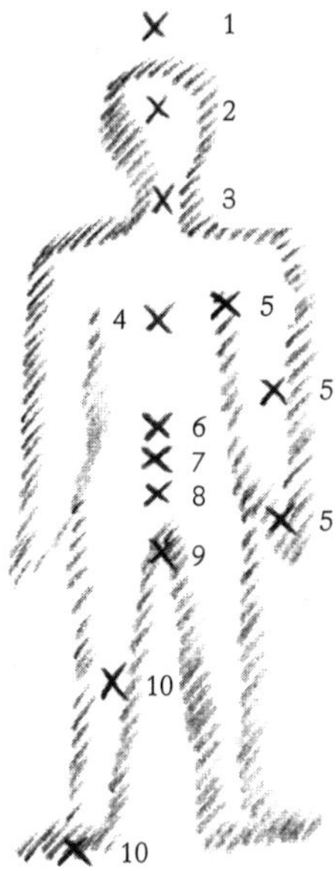

Hinten

A Schädelansatz
B Nackenchakra
C Mitte Schulter
D Mitte Rücken
E Kreuzchakra
F Steisschakra

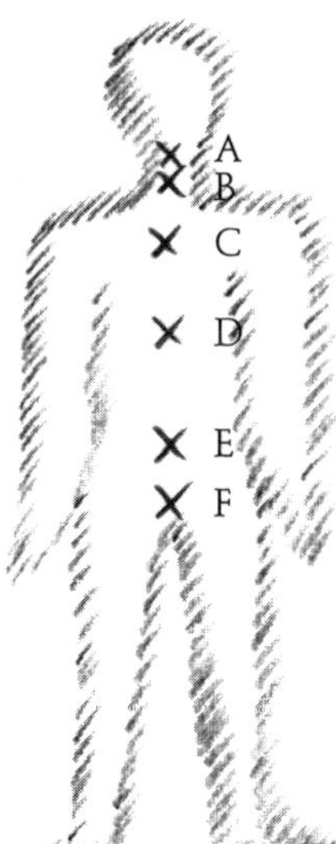

Wurzelchakra

Anderer Name:	Basischakra
Farbe:	Rot
Lebensbereich:	Materielle Durchsetzungskraft, Gesundheit, Geld, Fortpflanzung, Stabilität, Urvertrauen, Urenergie, Verbindung mit dem Boden
Organe:	Wirbelsäule, Knochen, Nägel, Zähne, Beine, Darm, Blut und Zellen
Zugehörige Chakren:	Beine, Füsse

Sakralchakra

Anderer Name:	Sexualchakra
Farbe:	Orange
Lebensbereich:	Gefühle, Emotionen, Staunen, Sinnlichkeit, Erotik, Kreativität, Beziehungsbereich
Organe:	Fortpflanzungsorgane, Blase, Niere, Lymphe, Verdauungssäfte
dazugehöriges Rückenchakra:	Steisschakra
Lebensbereich:	Verstecktes, Frustrationen, Süchte, Ängste, Karmische dunkle Energien, Verbindung zum Karma (Schweif), Ende der Wirbelsäule – Abflussrohr von negativen Energien

Nabelchakra

Anderer Name:	Zentrum
Farbe:	Orange, Gelb, Grün
Lebensbereich:	Ordnung finden, Harmonie, Ausgeglichenheit, Umsetzung

Organe:	Organe des Sakralchakras u. Solarplexus
dazugehöriges Rückenchakra:	Kreuz
Lebensbereich:	Stärke, die zu entwickeln ist. Das Los, das zu tragen ist, die Lektion, die zu lösen ist im Beziehungsbreich.

Solarplexus

Anderer Name:	Ich-Chakra
Farbe:	Gelb
Lebensbereich:	Ich-Durchsetzungskraft, Persönlichkeit, Macht u. Kraft, Ohnmacht
Organe:	Magen, Leber, Milz, Gallenblase, vegetatives Nervensystem
dazugehöriges Rückenchakra:	Mitte Rücken
	Karmische Ich-Lektionen, Feinde

Herzchakra

Farbe:	Grün, Rosa
Lebensbereich:	Liebe, Hingabe, Mitempfinden, Teilen
Organe:	Herz, Lunge, Kreislauf
Zugehörige Chakren:	Arme, Hände
dazugehöriges Rückenchakra:	Mitte Schulter
Lebensbereich:	karmische Liebeslektionen, Hass, verhinderte Liebe

Halschakra

Anderer Name:	Tor zur Weisheit
Farbe:	Blau
Lebensbereich:	Kommunikation, Selbstausdruck, Offen-

	heit, Weite, Unabhängigkeit, Inspiration
Organe:	Bronchien, Speiseröhre, Kehle, Kiefer, Kinn
dazugehöriges Rückenchakra:	Nackenchakra
Lebensbereich:	Weisheit, Zugang zu altem Wissen, Magische Macht – Abhängigkeit

Stirnchakra

Anderer Name:	Drittes Auge
Farbe:	Indigo
Lebensbereich:	Erkenntnis, Einsicht, Wille, Visualisierung, Manifestation.
Organe:	Ohren, Nase, Augen, Kleinhirn
Zugehörige Chakren:	Augen und Ohren
dazugehöriges Rückenchakra:	Schädelansatz
Lebensbereich:	Gleichgewicht, Klarheit, Ausgeglichenheit

Kronenchakra

Anderer Name:	Scheitelchakra
Farbe:	Amethyst, Weiss, Silber, Gold
Lebensbereich:	Verbindung mit dem Universum mit dem Geistigen, Innenschau, Erkenntnis und Bewusstsein
Organe:	Grosshirn

Rückenchakren reflektieren vor allem alles Verborgene und Verdrängte, wie zum Beispiel unsere eigene Negativität, die Vergangenheit, das Karma, was wir nicht sehen wollen.

Unser Körper

Am besten nehmen Sie ein Anatomiebuch zur Hand.

linke Körperseite:	weibliche Seite, Mutterseite emotionale Seite, Vergangenheit
rechte Körperseite:	männliche Seite, Vaterseite materielle Seite, Zukunft
vordere Seite:	bewusste Seite, weiche Seite
hintere Seite:	unbewusste Seite, Schattenseite

Jedes Organ entspricht wiederum einem Lebensbereich oder sagt aus, was für Probleme sich der Mensch macht.

Organ	***Lebensbereich***
Gehirn	Denken, Steuern, analysieren
Augen	Spiegel der Seele, Augen der Seele, Klarheit der Gegenwart, Vergangenheit u. Zukunft
Nase	Selbsterkenntnis, Sexualität, Gespür, Bereitschaft zum Leben
Ohren	Erkenntnis der inneren Stimme, Wahrnehmung nach aussen
Mund	Oral, Ernährung
Zähne	sich Durchbeissen, Entscheidungen, Zähne entsprechen einzelnen Organen
Kehle	Selbstausdruck, Macht-Ohnmacht
Hals	Für sich selber sprechen,

	Herzensangelegenheiten ausdrücken
Lunge	Leben, Lebensatem
Herz	Liebe, Zuneigung, Spirituelle Erkenntnis
Magen	Verdauen von Situationen, Macht – Ohnmacht
Darm	Der Fluss des Lebens, seelische Erkenntnisse, seelischer Ausdruck
Nieren	Entsorger der Negativität, Angst, Enttäuschung
Leber	Filter der Weisheit, Erkennen von Recht und Falsch
Gallenblase	Wut und Ärger
Milz	Abgrenzung, Festhalten
Pankreas	Die süsse des Lebens
Blase	Behälter des Wassers der Emotionen
Sexualorgane	
Eierstöcke/ Samenstränge	Quelle des neuen Lebens
Gebärmutter	weibliches Prinzip
Prostata	männliches Prinzip
Lymphen	innere Mutter, macht Ordnung (entgiftet) im Körper
Rücken	innerer Vater, gibt Halt und Aufrichtigkeit
Beine	lassen uns vorwärts kommen
Arme	lassen uns handeln

Glossar

Affirmation	Bejahende, positive Aussage, die eingesetzt wird um sich positiv zu stimmen.
Astralschicht	Energie-Ebenen
Astrologie	Die Lehre der Sterndeutung. Mittels Astrologie kann ein persönliches Geburts-Horoskop erstellt werden und anhand dieses H. können wegweisende Richtungen (charakterlich, gesundheitlich, beruflich etc.) für den Betreffenden aufgezeigt werden.
Attacken	Angriffe, hier vor allem Energie-Angriffe auch magischer Art.
Aura/en	Energie-Schicht um den Menschen, das Tier, die Pflanze herum.
Auralesen	Die Kunst, die Aura zu sehen und zu interpretieren.
Besessenheit	Im Esoterischen ist Besessenheit das Überhandnehmen von Energiewesen beim Menschen, so dass er fremdgesteuert ist: eine Art Fanatismus, jedoch gesteuert von aussen.
Bewusstsein, B.-Erweiterung	Emotionales, energetisches Wissen fühlen, verstehen und anwenden. Ein bewusster Mensch ist sich seiner Umwelt bewusst, indem er die emotionalen und energetischen wie auch ethisch-moralischen Aspekte respektiert.
Chakra/en	Sind Energiezentren, die am Körper ent-

	lang angeordnet sind.
Elektrosmog	Die Energie-Veränderung, Verschmutzung, die entsteht durch die fliehende Elektrizität von elektronischen Apparaten und Leitungen.
Energie	Energie ist Kraft, aber auch Intensität, die meist nicht sichtbar ist, jedoch wahrnehmbar/spürbar. Jeder Gegenstand, alle Materie besteht aus Energie und wirft Energie ab.
Energie-Hygiene	Eine Technik, um seinen Energiehaushalt zu reinigen und zu regenerieren, um so stärker und widerstandsfähiger zu werden.
Esoterik	Lehre, welche die Naturweisheit, geistiges, magisches wie auch geheimes Wissen weitergibt.
Feinstofflich	Konstitution der Energie eines Menschen: feinstofflich gleich sensitiv.
Feinstoffliche Welt	Ist die Energie-Welt, also die Astralschichten. Je weiter entfernt vom Körper diese Schichten sind, desto feinstofflicher ist diese Energiewelt.
Fremdenergie	Die Energie, die nicht von einem selbst produziert wird. Es kann sich um Energie handeln, die zum Beispiel durch Wetterveränderung entsteht, oder um Energie, die von anderen Menschen oder Orten ausgeht.
Geist	Der menschliche Geist ist die Instanz, die das Bewusste (das Ich) und die Seele verbindet und kontrolliert. Der Geist ist nicht

	nur Kontrollinstanz, sondern auch Verbindung zur geistigen Welt. Unter Geist oder Geister werden auch verstorbene Seelen bezeichnet, die z.B. keine Ruhe finden, herumgeistern und in Erscheinung treten.
Geistheilung	Ist die Energie-Heilung des menschlichen Geistes durch Meditation und/oder Energieübertragung. Durch die Behandlung des Geistes wird der Energiehaushalt des Menschen ins Gleichgewicht gebracht und zwar ganzheitlich (psychisch, seelisch, um auf den Körper wirken zu können). Die Geistheilung heilt keine Krankheiten, sondern lässt den Menschen durch das Finden seines Energie- und inneren Gleichgewichtes von innen her gesunden.
Geistige Gesetze	Die geistigen Gesetze beinhalten Regeln und Gesetzmässigkeiten, welche Natur und Geist im Gleichgewicht halten.
Geistige Welt	Ist die feinstoffliche Welt. Mit der geistigen Welt werden aber auch deren Bewohner (Seelen, Geistführer, Engel, Geister etc.) bezeichnet. Die geistige Welt kann aber auch selbst fabriziert sein und wird somit zur Gedankenwelt.
Geistiger Schutz	Der Schutz, den ein Mensch hat durch seine Energien (Aura) und durch sein Bewusstsein der geistigen Welt gegenüber.
Geistwesen	Wesen, die in der geistigen Welt leben.
Grobstofflich	Gegenteil von feinstofflich. Ist teilweise

	bereits die materielle Welt,oder grobe, schwere Energieschichten. Energieschichten nahe am Körper.
Hellfühlen	Eine Form des Wahrnehmens. Es wird nicht in Bildern wahrgenommen, sondern in körperlichen Sensationen oder in Emotionen.
Hellsehen	Eine Form des Wahrnehmens. Es wird in Bildern wahrgenommen.
Hellwissen	Eine Form des Wahrnehmens. Es wird mit Gedanken wahrgenommen.
Hyperventilieren	Ein Ungleichgewicht zwischen der Menge der eingeatmeten und ausgeatmeten Luft, was zu Verkrampfungen der Hände und Füsse, ja bis zum Kreislaufkollaps führen kann.
Intuition	Ist animalische Wahrnehmung. Unsere Intuition warnt uns vor Gefahren.
Karma	Mit Karma wird die Lebenslektion bezeichnet, die sich aus früheren Leben bildet. Karma bedeutet aber auch den Zyklus durch alle unsere früheren Leben.
Karmische Lektion	Siehe Karma.
Kosmos	Mit Kosmos oder All wird in der esoterischen Sprache der Platz bezeichnet, wo sich die Geistige Welt befindet.
Lebensgesetze	Gesetze, die aus der Natur stammen, aber auch moralische Gesetzmässigkeiten.
Licht	Mit Licht wird die geistige Energie bezeichnet, die Heil und Erleuchtung bringt.
Lichtarbeit	Arbeit, die mit geistiger Energie gemacht wird, wie Heilung und Wegweisung.

Lichtplatz	Ist ein Platz wie ein Tempel, eine Kirche wo solche Energie vorhanden ist oder wo mit solcher Energie gearbeitet wird.
Magie, Magier	Eine rituelle Form, Naturwesen und Energien aufzurufen und diese zu kontrollieren und zu befehligen.
Medialität, medial	Die Fähigkeit, übersinnliche Gedanken zu haben und übersinnliche Welten und Wesen wahrnehmen zu können.
Meditation	Sich in Gedanken des Heils oder der Erkenntnisse zu vertiefen, um daraus zu lernen.
Medium	Ein Mensch, der die Fähigkeit hat, als Vermittler zwischen der geistigen und materiellen Welt zu dienen.
mental	Mental zu arbeiten heisst, über den Geist, über die Vorstellungkraft mittels dem Willen Seinszustände herbeizuführen oder zu ändern.
Naturgesetze	Die Gesetze der Natur. Zum Beispiel der Wechsel der Jahreszeiten, die Mondphasen etc.
Photonen	Kleinste, vom Zeitlichen unabhängig existierende Energiepartikel.
Psychotherapie	Therapieform, die die Psyche behandelt und versucht, dem Patienten seine Erinnerungen wachzurufen und Verständnis und Kontrolle für sein eigenes Wesen finden zu lassen.
Rituale	Sind Gebräuche mit festen Abfolgen, die angewandt werden, um zum Beispiel Feste, wie Hochzeiten, Ehrungen, zu fei-

	ern. Rituale werden sowohl in der Magie wie auch im täglichen Leben angewandt.
Rückläufe	Die Energie, die auf einen zurückkommt. So zum Beispiel, wenn man jemandem mit Magie geschadet hat und diese Energie auf einen zurückprallt (Bumerang-Effekt).
Seele	Unser Inneres, das unsterblich ist und durch jedes Karma geht. Unsere Seele trägt die Erinnerungen all unserer vorhergehenden Leben und trägt auch die Lebensaufgabe und Lektion in sich.
Sensitivität, sensitiv	In der esoterischen Sprache werden Menschen, die eine sehr empfindliche Wahrnehmungsfähigkeit haben, als sensitiv bezeichnet.
Spiritualität	Ist die Lehre, das Göttliche wahrzunehmen und sich den Gesetzmässigkeiten des Geistigen hinzugeben.
Sternenkonstellation	In der Astrologie wird beachtet, wie die Sterne zueinander stehen. Dies ergibt gewisse Einflüsse auf den Menschen.
Telepathie	Eine gedankliche Kommunikation zwischen zwei Menschen.
Therapie	Eine Behandlung, die über einen gewissen Zeitraum geht.
Unbewusst	Das, was uns nicht im Bewusstsein ist, uns aber dennoch stark beeinflusst.
Visionen	Bilder, Erscheinungen, die auf hellsichtige Art geschehen.
Wahrsager	Jemand, der die Zukunft voraussagt ohne zu berücksichtigen, dass ein Mensch ei-

nen freien Willen hat und seine Zukunft aus eigenem Antrieb verändern kann.

Wasseradern Unterirdische Wasserflüsse, die Energiestörungen in Wohnungen auslösen können.

Nachwort

Dieses Buch hat vom Manuskript bis zu seiner jetzigen Form einen langen Weg hinter sich. Obwohl mir immer bewusst war, dass der Arbeitsaufwand, ein Buch zu schreiben, enorm ist, gab es doch einige Zwischenfälle, die ich Ihnen, liebe Leser, nicht vorenthalten möchte, da sie unmittelbar das Thema dieses Buches berühren; es sind Beispiele vom Wirken der Negativität!

Angefangen hat es damit, dass ich tagelang nicht in das Dokument dieses Buches gelangen konnte – vor allem als ich das Kapitel «Die Negativität» schrieb. Hard- und softwaremässig konnte dafür keine Erklärung gefunden werden. Wenn ich aber gedanklich das Manuskript reinigte, konnte ich das Dokument öffnen und weiterarbeiten.

Im Verlauf der Arbeit am Manuskript stiegen 2 Laptops mit irreparablen Schäden aus. Nummer 2 gab nach der Fertigstellung der letzten Korrekturen den Geist auf.

Problemlos konnte das ganze Manuskript ausgedruckt, nicht aber auf Diskette gespeichert werden, denn die Daten, die im Verlag ankamen, enthielten nicht die aktuelle, sondern die noch unkorrigierte Fassung, obwohl der Papierausdruck der korrekten entsprach! Der Vergleich zwischen den Daten auf meiner Harddisk, von der die Kopie für den Verlag stammte, und dem Ergebnis, das im Verlag konvertiert wurde, differierte in mysteriöser Manier. Nach dem Konvertieren der Dos-Daten auf Macintosh waren alle Korrekturen spurlos verschwunden. Um das Ganze zu komplizieren, enthielt meine Fassung tatsächlich alle ausgeführten Korrekturen, nicht aber dieselbe Folge der Seitenzahlen, wie der Vergleich mit dem Papierausdruck zeigte.

Als gelernte Programmiererin-Analytikerin habe ich schon

viel erlebt – auch auf dem Energiebreich, dies aber ist die Krönung und hoffentlich ein gutes Omen für das Gelingen des Buches.

Zweieinhalb interessante und erlebnisreiche Jahre sind vergangen, die mir immer wieder die in diesem Buch beschriebenen Prinzipien bestätigten.

St. Niklausen, im November 1998

Literatur

Benedikt, H. E.; Die Kabala, Bauer Verlag, Freiburg i.Br. 1988

Die Bibel

Bridges, Carol: Der Weg der Medizinfrau, Urania Verlag, Neuhausen 1993

Connelly, Dianne M.: Das Gesetz der Fünf Elemente, Bruno Endrich Verlag, Heidelberg 1987

Czechorowski, Claudine und Henri: Spirituelle Einweihung, Windpferd Verlag, Aitrang 1991

Davis, Ronald D.: Legasthenie als Talentsignal, Ariston Verlag, Kreuzlingen 1995

Gerber, Charlotte: LügenLeben, Biograph Verlag, Zürich 1993: neu bei Oratio Verlag Schaffhausen

Grün, Anselm: Der Umgang mit dem Bösen, OSB, Vier-Türme-Verlag, Münsterschwarzach 1980

Hay, Louise L.: Gesundheit für Körper und Seele, Heyne Verlag, München 1993

Der Koran

Meadows, Kenneth: Das Netz der Kraft, Irisiana Verlag

Passian, R.: Licht und Schatten der Esoterik

Rätsch, Christian: Räucherstoffe – Der Atem des Drachen, AT-Verlag, Aarau 1995

Redfield, James: Die Prophezeihung der Celestine, Heyne Verlag, München 1994

Sigdell, Jan Eric: Rückführungen in frühere Leben, Scherz Verlag, Bern 1997

Sperling, Renate: Vom Wesen der Edelsteine, Aquamarin-Verlag, Grafing 1995

Der Talmud

Tobler, Karl: Die verborgenen Gesetze der Homöopathie, Oratio Verlag, Schaffhausen 1998

Warnke, Ulrich: Gehirn-Magie, Popular Academic Verlag, Saarbrücken 1997

Kapit, Wynn/Elson, Lawrence M.: Anatomie Malatlas, Arcis Verlag 1995

Charlotte Gerber

LügenLeben

Portrait einer
Beamtenfamilie

192 Seiten, geb. mit SU,
ISBN 3-7214-0690-7

«LügenLeben» ist ein eindrückliches Buch, welches jeden fesselt, der sich mit menschlichen Schicksalen und vor allem mit therapeutischen Prozessen beschäftigt.
Ohne zu beschuldigen oder zu verurteilen beschreibt die Autorin ihren Weg aus ihrem Gefühlschaos. Aus eigener Erfahrung beschreibt sie den subtilen psychisch-seelischen bis hin zum sexuellen Missbrauch. Der Leser taucht ein in die Abgründe einer Gefühlswelt, die so beschrieben ist, dass man zuweilen die Fassung zu verlieren droht, wird aber im selben Moment durch die Klarheit, mit der der therapeutische Prozess dargestellt ist, wieder aufgefangen.
Obwohl sich dieses Buch mit einer dunklen, schmerzhaften Vergangenheit beschäftigt, bringt es Hoffnung und Mut, den eigenen Erkennungsprozess zu wagen und die Lügen des eigenen Lebens aufzudecken.»

Erika Grazia Landert

Oratio Verlag • Fronwagplatz 20 • CH-8200 Schaffhausen
Tel.: 052 624 12 45 Fax.: 052 625 48 69 E-Mail: oratio@bluewin.ch